Movimentos da Arte Moderna

CW01649209

MODERNISMO

com os cumprimentos

Cosac & Naify

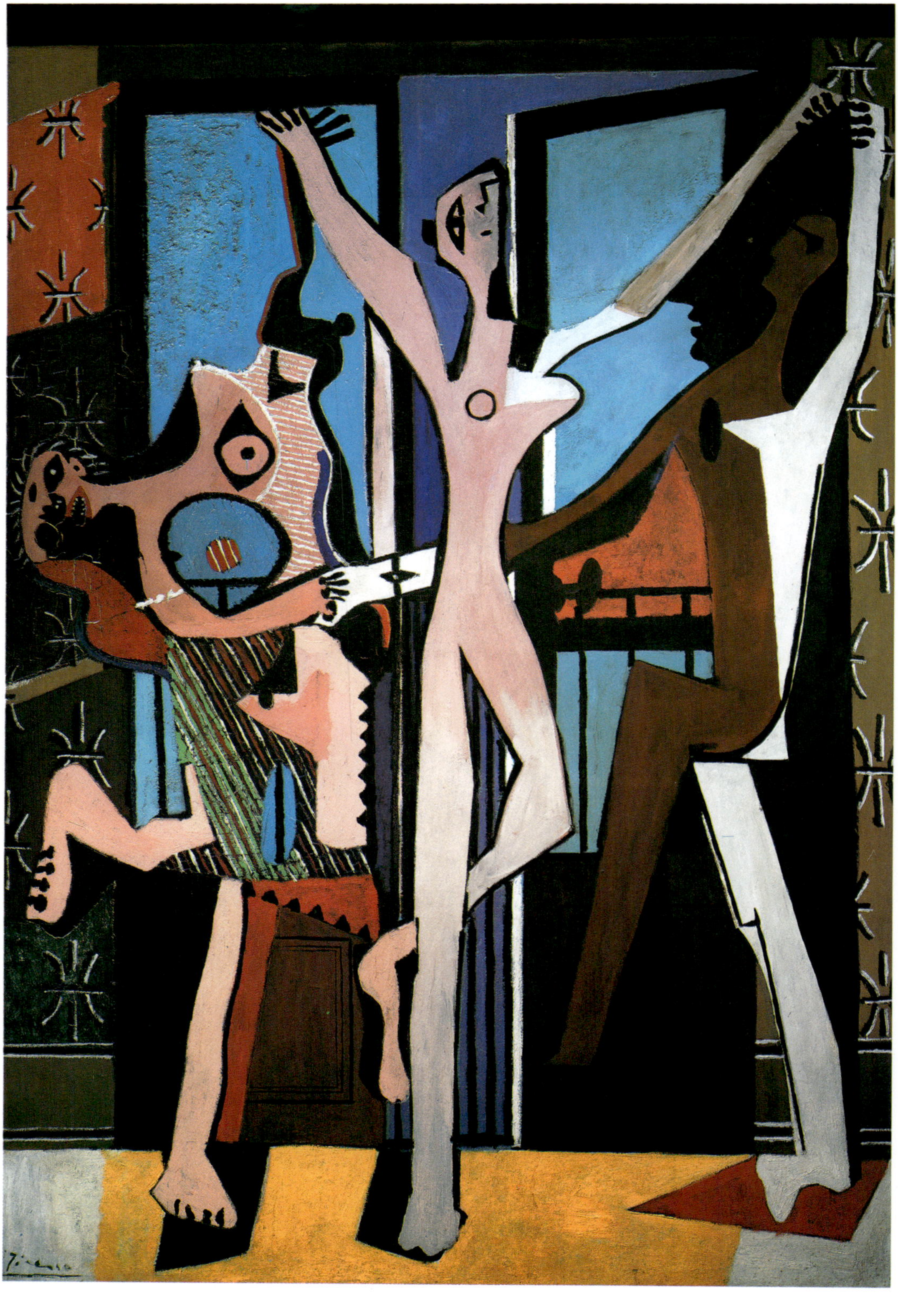

MOVIMENTOS DA ARTE MODERNA

MODERNISMO

CHARLES HARRISON

COSAC & NAIFY EDIÇÕES

TATE GALLERY PUBLISHING

Capa:
Hans Hoffman
Nulli secundis 1964
(detalhe da fig. 41)

Frontispício:
Pablo Picasso
As três dançarinas 1925
(fig. 42)

Publicado originalmente pela
Tate Gallery Publishing Ltd
Millbank, Londres SWIP 4RG

Segunda edição, 2001

Capa: Slatter-Anderson, Londres
Projeto gráfico: Isambard Thomas

Tradução: João Moura Jr.
Preparação: Márcia Copolla
Composição: Estúdio O.L.M.
Revisão: Nair Kayo, Tereza Cecília O. Ramos

As medidas são dadas em centímetros,
altura x largura x profundidade

Catalogação na Fonte do Departamento Nacional do Livro
(Fundação Biblioteca Nacional)

S23v Harrison, Charles
Modernismo / Charles Harrison
Tradução: João Moura
São Paulo: Cosac & Naify Edições, 2001,
2a. ed. 80 p.
Título original: Modernism

ISBN: 85-86374-87-X

1. Arte Européia do século XX; 2. História
I. Harrison, Charles; II. Título; III. Série
CDD: 709.409.1

COSAC & NAIFY EDIÇÕES
Rua General Jardim, 770, 2º andar
01223-010 - São Paulo - SP
Fone: (5511) 3218-1444
Fax: (5511) 3255-3364
info@cosacnaify.com.br

Sumário

I

O Que é o Modernismo?

Modernização, modernidade e modernismo – três conceitos em torno dos quais tem girado a reflexão sobre o mundo moderno e sua cultura. Na definição dos dois primeiros, são raras as discordâncias. Modernização se refere a uma série de processos tecnológicos, econômicos e políticos associados à Revolução Industrial e suas conseqüências; modernidade das condições sociais e experiências, que são vistas como os efeitos desses processos. Sobre o significado de modernismo, no entanto, a concordância é bem mais difícil de ser obtida. No uso comum, significa a propriedade ou a qualidade de ser moderno ou atualizado. Contudo, tende também a implicar um certo tipo de posição ou atitude que se caracterizaria por formas específicas de resposta tanto à modernização como à modernidade. Quando a palavra é aplicada à arte, há, portanto, dois problemas a encarar. O primeiro é que "modernismo" não costuma ser utilizado como um termo genérico para cobrir toda a arte do período moderno. Trata-se antes de uma forma de *valor*, em geral associada apenas a algumas obras e que serve para distingui-las de outras. Selecionar uma obra de arte como exemplo de modernismo é vê-la como pertencente a uma categoria especial no interior da cultura ocidental do período moderno. As obras que tendem a se enquadrar nessa categoria, porém, não são sempre facilmente vistas como relacionadas seja a processos de modernização seja à experiência da modernidade. De que maneira, por exemplo, entender o modernismo de um Matisse (fig. 1) ou de um Rothko (fig. 2), se não como uma forma de rejeição ou de evasão da evidência física da modernidade?

O segundo problema é que existem pontos de vista divergentes sobre a situação histórica do modernismo: sobre quando teria supostamente começado e se já teria encerrado seu curso. As origens do modernismo foram localizadas em épocas que variam do final do século XVIII ao início do XX, enquanto a utilização recente do conceito de pós-modernismo sugere ou que o modernismo tenha encerrado seu curso ou que tenha se tornado sinônimo de uma forma de conservadorismo cultural – o que talvez seja a mesma coisa.

É difícil lidar com um desses problemas sem se enredar no outro. Por exemplo, o fato de que se considere ou não o modernismo virtualmente esgotado depende de que tipo de valor ou categoria se acredita que ele seja. É

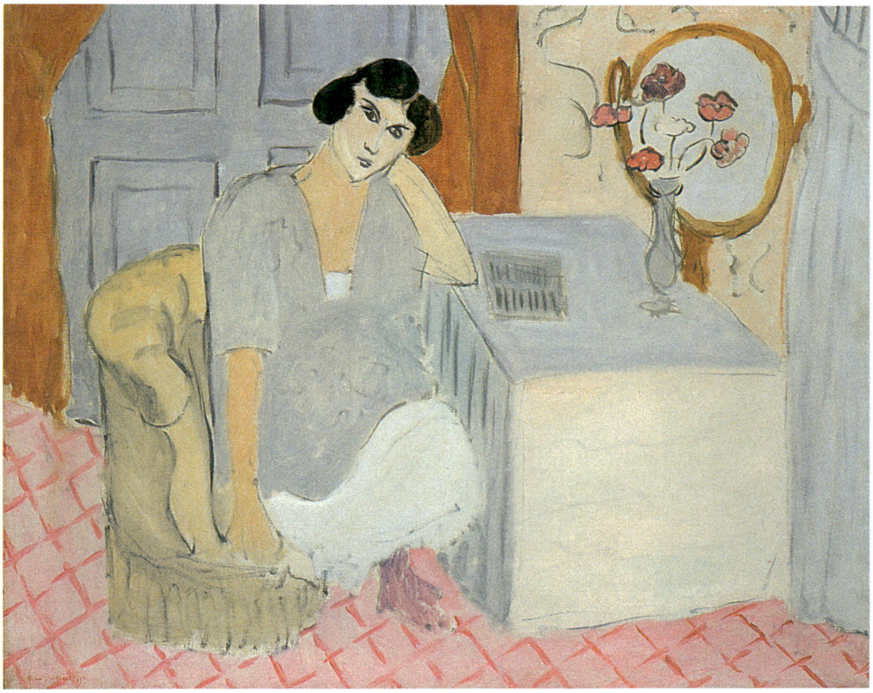

1
Henri Matisse
A leitora desatenta
1919

Óleo sobre tela
73 x 92,4
Tate Gallery, Londres

2
Mark Rothko
Light red over black
[*Vermelho suave
sobre preto*] 1957

Óleo sobre tela
232,7 x 152,7
Tate Gallery, Londres

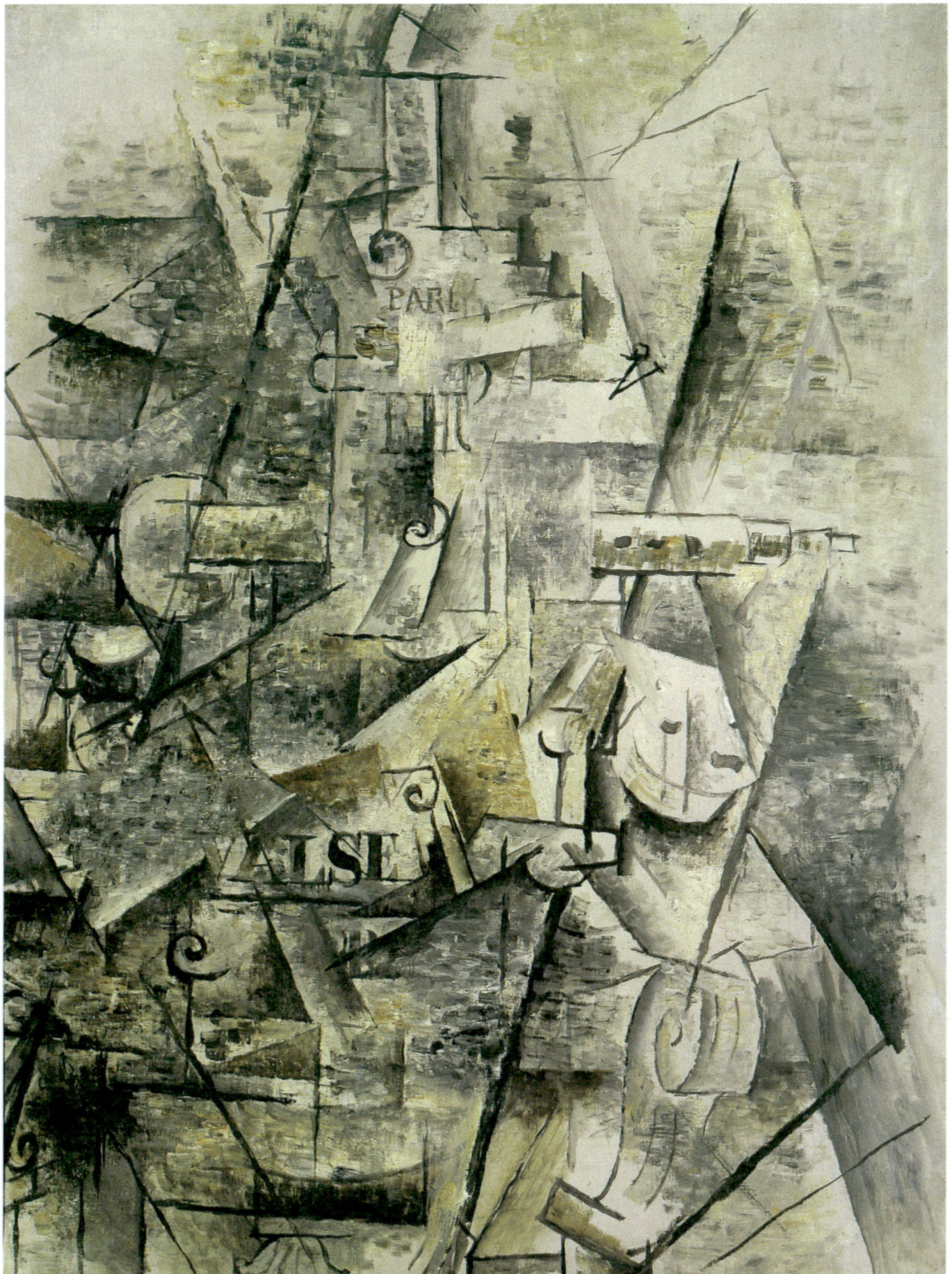

3
Georges Braque

Clarinete e garrafa de rum sobre um consolo de lareira 1911

Óleo sobre tela
81 x 60
Tate Gallery, Londres

4
André Derain

Henri Matisse 1905

Óleo sobre tela
46 x 34,9
Tate Gallery, Londres

justamente essa dupla divergência, quanto à avaliação de um lado e quanto à periodização de outro, que torna complicado definir o conceito de modernismo. A mesma dificuldade se aplica ao conceito de romantismo, de que o modernismo deriva muito de sua teoria estética, e com o qual coincide em outros aspectos importantes. Em relação à maioria dos outros "ismos", pode-se chegar a um acordo quanto à época em que ocorreram sem que seja necessário concordar a respeito de seu valor ou significado. Mas, como acontece com o romantismo, escrever sobre o modernismo na arte é penetrar inevitavelmente numa área de intensa controvérsia.

Deveríamos tentar estabelecer um solo mais firme a partir do qual pudéssemos começar. É comum associar o moderno na arte com um colapso do decoro tradicional na cultura ocidental, que previamente conectava a aparência das obras de arte à aparência do mundo natural. Os sintomas típicos desse colapso são a tendência de as formas, cores e materiais da arte ganharem vida própria, produzindo combinações inusitadas, oferecendo versões distorcidas ou exageradas das aparências da natureza e, em alguns casos, perdendo todo contato óbvio com os objetos comuns de nossa experiência visual. Desse modo, uma pintura que não se assemelhe a nada está propensa a ser classificada – ao menos pelo comum dos mortais – como uma pintura "moderna", embora já possa ter quase um século. Perguntar-se por que esse colapso ocorre, quando ocorre, e de que maneira, é inquirir a respeito do caráter e da forma historicamente assumidos pelo modernismo.

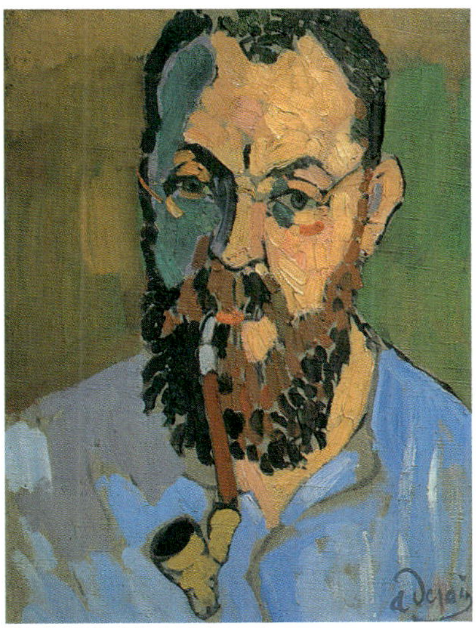

As obras de arte em que tais sintomas são pela primeira vez inequivocamente discerníveis foram produzidas por artistas de vanguarda que trabalhavam em algumas das maiores cidades européias na primeira década e meia do século XX. Foi o desenvolvimento do cubismo nos anos posteriores a 1907 que mais claramente assinalou uma ruptura com os estilos anteriores (figs. 3, 32). Em 1948, o crítico norte-americano Clement Greenberg lançou um olhar retrospectivo para o cubismo, anunciando-o como "o feito da arte do século XX que marcou época, um estilo que alterou e determinou a compleição da arte ocidental tão radicalmente quanto o naturalismo renascentista havia feito" (Greenberg 1948, em Greenberg II 1986, p. 212). Por mais que as diferentes explicações do modernismo divirjam quanto a seu arco de tempo, todas concordam pelo menos nisso: deve ser concedida uma importância central ao momento do cubismo e de seus desdobramentos imediatos.

Em suas origens, tal qual o cubismo, a tendência aproximadamente contemporânea que veio a ser conhecida pelo nome de fauvismo também foi um fenômeno parisiense – uma tendência em que à simplificação da forma vinha combinar-se o exagero expressivo da cor (fig. 4). Porém, por ocasião do início da Primeira Guerra Mundial, em setembro de 1914, grupos de participantes num movimento moderno internacional podiam ser encontrados em Milão, Munique, Moscou, Berlim, Viena, Praga, Londres e outras cidades, suas formas afins de vanguardismo incorporando,

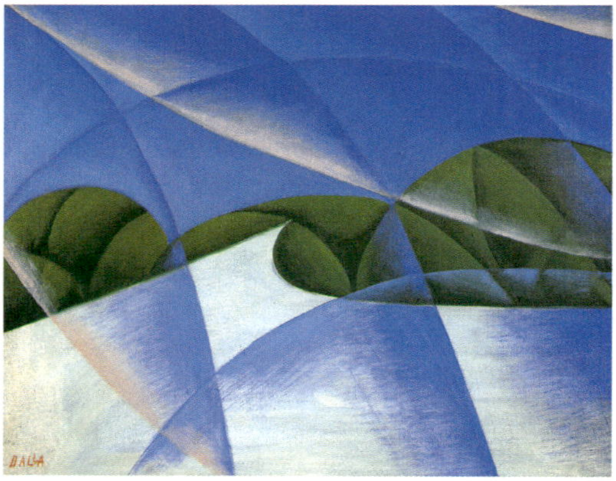

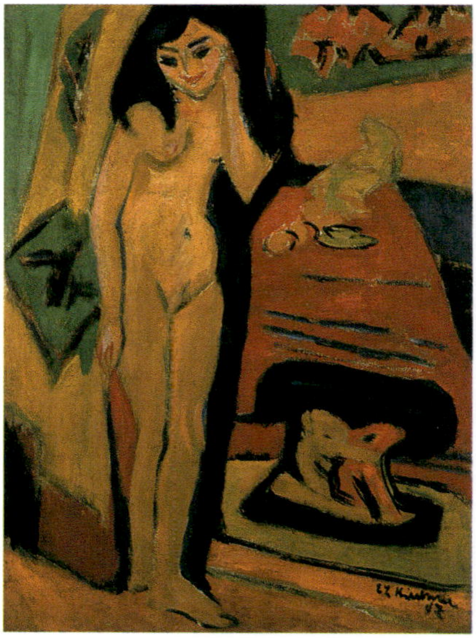

5 *acima, à esquerda*
Giacomo Balla
Velocidade abstrata – o carro passou 1913
Óleo sobre tela
50,2 x 65,4
Tate Gallery, Londres

6 *acima, à direita*
Ernst Ludwig Kirchner
Nu atrás de uma cortina (Franzi) 1910
Óleo sobre tela
120 x 90
Stedelijk Museum, Amsterdã

adaptando ou transformando de modo variado interesses e práticas mais locais e tradicionais. Havia futuristas na Itália (fig. 5) e na Rússia, expressionistas na Alemanha (fig. 6) e vorticistas na Inglaterra (fig. 7), enquanto a possibilidade de uma arte abstrata vinha sendo individualmente perseguida por artistas nas mais diversas localidades. Os anos de guerra, de 1914 a 1918, presenciaram os começos do suprematismo (fig. 8) e do construtivismo na Rússia, e a expansão de um movimento dadá cosmopolita em Zurique, Berlim, Paris e Nova York.

Encontramo-nos de imediato frente a frente com um paradoxo – ao qual iremos retornar em várias ocasiões. Por um lado, há um consenso relativamente difundido de que obras como essas merecem ser consideradas como formas de "arte moderna". Por outro, essas mesmas obras se mantiveram em sua totalidade incompreensíveis e, em muitos casos, sem atrativos para a grande maioria das pessoas, que, sem dúvida, viam-se sob todos os outros aspectos como habitantes qualificados do mundo moderno. Assim, como uma arte difícil e amplamente impopular veio a desempenhar um papel tão substancial na escolha da auto-imagem cultural do século?

Pode-se fazer uma pergunta similar com respeito à música e à literatura do início do século XX, em que tendências modernistas comparáveis são flagradas em funcionamento. Ao estudar o surgimento do modernismo na música, pode-se refletir sobre o colapso da harmonia e da tonalidade clássicas durante o final do século XIX, e o desenvolvimento de formas atonais por compositores da escola de Viena nos primeiros anos do século XX. De maneira idêntica, estudar o modernismo literário é ler a obra de poetas do início do século XX que se afastaram dos padrões convencionais de metro e rima, ou de romancistas cujas formas de narrativa parecem frustrar deliberadamente as convenções narrativas então aceitas. As obras resultantes têm um inegável prestígio na cultura do século, mas não se pode dizer que tenham alcançado popularidade. Uma aura de dificuldade ainda se cinge à música de Arnold Schoenberg e Igor Stravinski, à poesia de T. S. Eliot e aos romances de Franz Kafka e James Joyce.

Com base nessa evidência, é tentador conceber o modernismo como um tipo de revolução cultural específica do século XX, impulsionada pela rapidez do progresso tecnológico e pelo fermento político, envolvendo a busca da mudança pela mudança e surgindo sob as formas do vanguardismo e do experimentalismo militantes. Algumas das caracterizações mais influentes do modernismo foram, com efeito, esboçadas desse ângulo. Há, aparentemente, muita coisa em favor desse ponto de vista. O ritmo da mudança estilística nas artes parece de fato ter ganho dramática velocidade após a virada do século. É verdade também que conexões relevantes podem ser estabelecidas entre as teorias que circulavam em meio às vanguardas artísticas e aquelas formas de visão sociopolítica de que se revestia a política do período. Os futuristas na Itália e os suprematistas e construtivistas na Rússia estavam, cada qual a seu modo, antecipando formas de mudança política e social para as quais pretendiam que suas obras contribuíssem, e em nome das quais esperavam que elas se justificassem.

Mas essa descrição do modernismo é, no final das contas, inadequada. Tem duas deficiências principais. A primeira é que nos encoraja a conceber a arte moderna do início do século XX *simplesmente* como a expressão artística da modernidade, isto é, como uma forma de reação espontânea às condições sociais e aos acontecimentos históricos. Corremos, assim, o risco de subestimar aquelas preocupações e problemas específicos às práticas e tradições da arte que podem também ter sido elementos motivadores poderosos no desenvolvimento de novas formas e estilos. Reajam ou não os artistas individuais às condições e mudanças históricas, sua obra é produzida como arte, e, em sua concepção de como essa obra deve se desenvolver, eles costumam se reportar a outras obras de arte, sejam elas as realizações de uma geração mais velha, sua própria produção imediatamente anterior ou as experiências de seus contemporâneos. De fato, é provável que seja precisamente esse recurso à intensidade manifesta de outras obras de arte que assegura ao artista uma certa independência de julgamento e expressão no que se refere às condições

7 *abaixo, à esquerda*
Wyndham Lewis
Composição 1913
Caneta, aquarela e lápis sobre papel
34,3 x 26,7
Tate Gallery, Londres

8 *abaixo, à direita*
Kasimir Malevich
Suprematismo dinâmico 1915 ou 1916
Óleo sobre tela
80,3 x 80
Tate Gallery, Londres

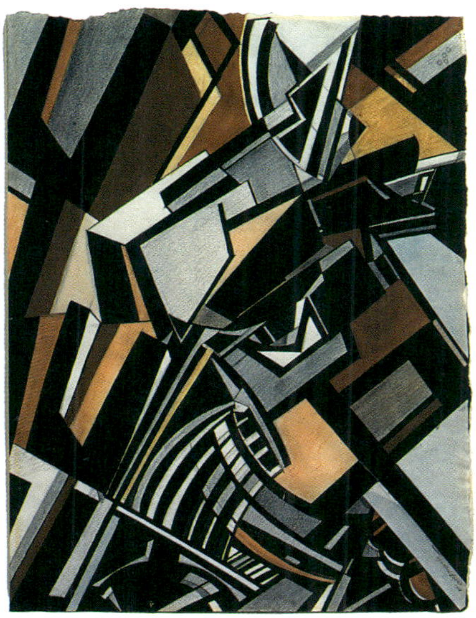

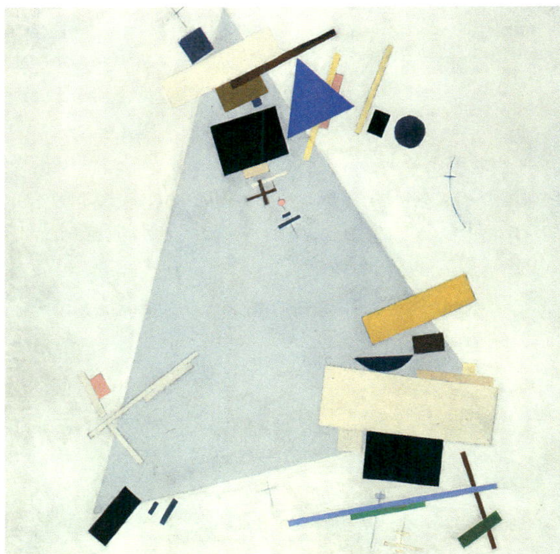

sociais e aos acontecimentos históricos. Como veremos adiante, muitos dos mais influentes defensores de primeira hora da arte moderna acreditavam ser justamente na sua independência das preocupações sociais que o valor da arte modernista seria encontrado.

A segunda deficiência na descrição é que ela nos encoraja a considerar o vanguardismo modernista em virtual isolamento como a arte representativa do século XX. O perigo aqui é encarar o modernismo como uma espécie de tendência "natural" e inescapável na cultura, esquecendo que foi sempre uma opção entre tantas outras – e sempre adotada apenas por uma minoria. Inclinamo-nos a supor, com uma certa dose de justiça, que em torno da virada do século as linhas de batalha entre modernistas e tradicionalistas estavam claramente demarcadas. Porém, não se deve concluir daí que sempre foi fácil para o artista no ateliê distinguir entre o que era e o que não era um caminho "moderno" a seguir, ou até mesmo entre o que constituiria ou não uma forma "moderna" de resposta aos acontecimentos históricos. Se o modernismo representa uma forma de valor, trata-se de uma forma de valor que era impossível alcançar sem reflexão ou luta. Tampouco devemos supor que o hermetismo era um fim em si buscado pelos artistas. Pablo Picasso foi uma das figuras de proa da vanguarda parisiense nas duas primeiras décadas do século. Mesmo nos períodos em que produzia suas obras mais consistentemente "difíceis", deparamo-nos com momentos de lúcido conservadorismo ou de classicismo. Ele parece ter sentido necessidade, em certas ocasiões, de restabelecer contato com aquilo que o modernismo não era, como se a premência e o valor do modernismo fossem duvidosos na ausência de contraste suficiente (fig. 9). Dito de outro modo: como quer que concebamos o modernismo, temos de pensá-lo em relação com outras formas de valor que a arte, num determinado momento, supostamente possua.

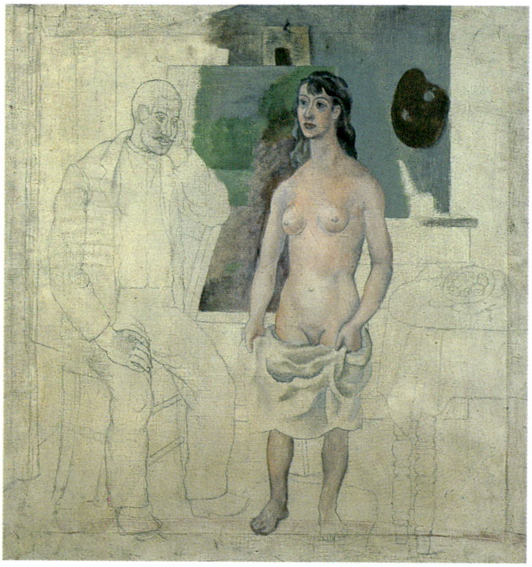

9
Pablo Picasso
O artista e seu modelo 1914
Óleo e lápis sobre tela
58 x 56
Musée Picasso, Paris

10
Joan Miró
Interior holandês I 1928
Óleo sobre tela
91,8 x 73
The Museum of Modern Art, Nova York.
Mrs. Simon Guggenheim Fund

Dessas duas precauções – de evitar conceber a arte moderna *seja* como meramente reativa, *seja* como de certa maneira isolada e incontestável – podemos extrair uma descrição mais positiva do modernismo. O primeiro ponto a se observar, como já dito, é que a prática da arte é necessariamente conduzida no contexto de alguma tradição da arte e em relação a outras obras de arte. Mesmo entre as produções mais abstratas das vanguardas do começo do século XX ocorreram, ocasionalmente, formas de citação e referência por meio das quais se evocam as obras de artistas anteriores. Para o seu *Interior holandês I*, de 1928 (fig. 10), Joan Miró tomou como ponto de partida uma pintura do artista holandês

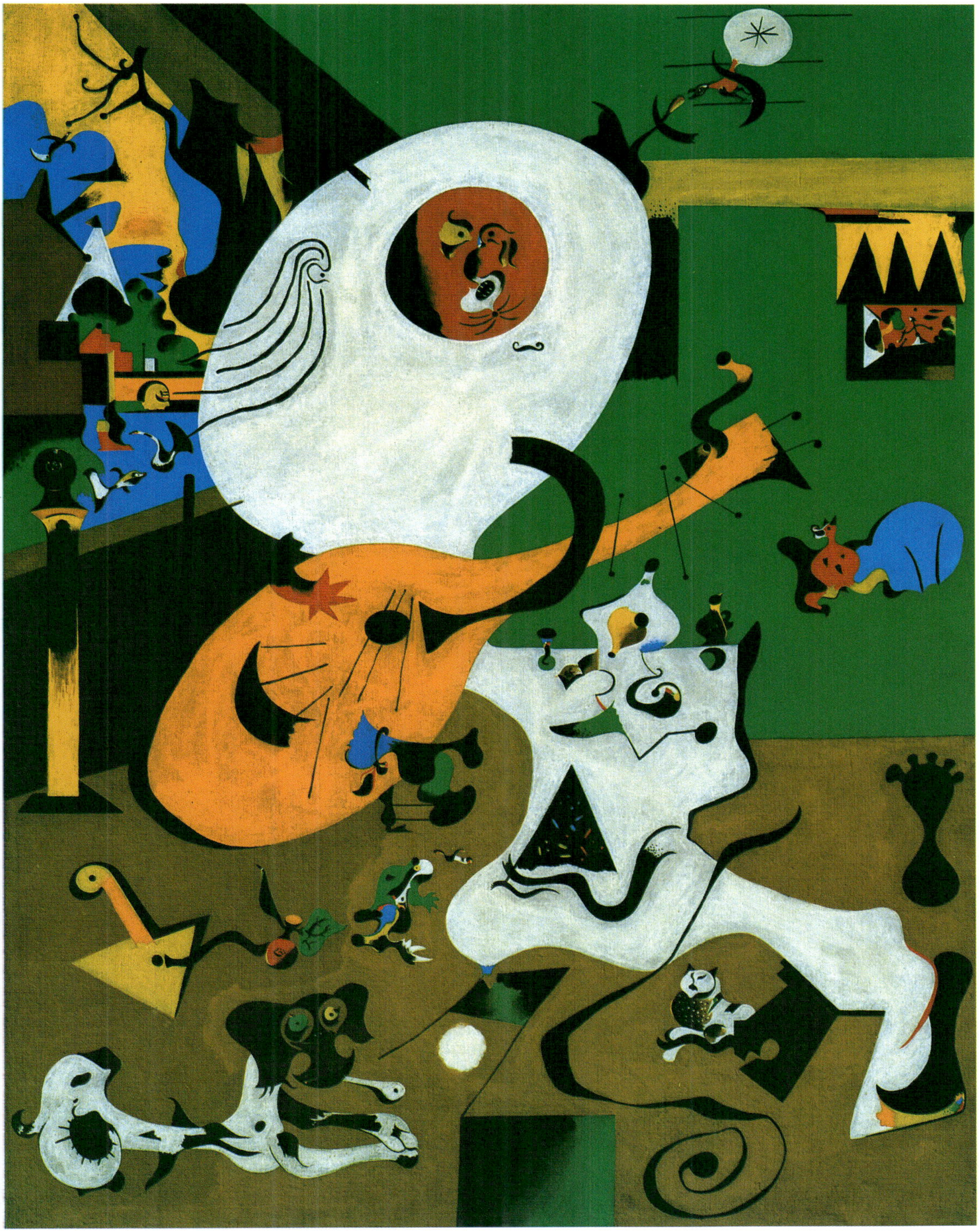

Hendrick Sorgh, do século XVII, que ele tinha visto numa viagem à Holanda. Outro ponto que se deve ter em mente é que o valor do modernismo se estabelece, na prática, como uma espécie de *diferença* intencional com respeito a outras formas, estilos e práticas correntes. Em muitos casos, uma obra moderna sugerirá a comparação com alguma outra maneira similar, porém mais conservadora, de tratar o mesmo tema, como se fosse precisamente em meio ao que *não* é compartilhado – àquilo que sobra depois de todos os traços comuns terem sido excluídos – que o seu real significado devesse ser buscado (figs. 11, 12). Tanto é assim que Cézanne via as obras do academicista Bouguereau como um modelo do que deveria ser evitado.

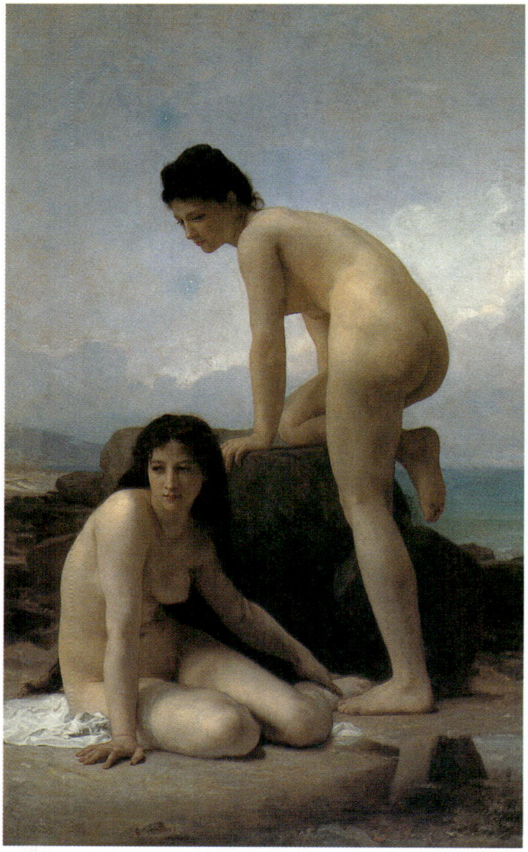

A proposição a que essas observações vêm conduzindo é que o modernismo pode ser produtivamente pensado como uma forma de tradição, mas que se mantém numa espécie de tensão crítica em relação à cultura mais ampla circundante. A tradição em questão é uma em que o que se leva adiante não é um determinado cânone estilístico, e sim um tipo de disposição ou tendência. Desse ponto de vista, os artistas de convicções modernistas tenderão a se dissociar e a dissociar suas práticas de procedimentos legitimados de ver e reproduzir o mundo, embora procurando manter aquela profundidade independente e aquela intensidade de efeito para as quais somente outra arte proporciona os parâmetros. Segue-se daí que, enquanto uma forma de arte pode ser identificada como *moderna* com base unicamente em seu estilo, chamar de *modernista* uma obra de arte é estabelecer uma distinção mais sutil. É registrar o seu surgimento como indicativo de certos posicionamentos e atitudes críticos adotados pelo artista em relação tanto à cultura mais ampla do presente quanto à arte do passado recente. Isso pode ajudar a explicar como valores significativos vêm a ser postos em prática por obras que se mantêm impopulares, no sentido de ser difícil conectá-las a interesses e valores culturais prevalecentes. E explicar também por que uma arte modernista, como a de Matisse ou a de Rothko, parece distanciar-se daquelas formas pelas quais o surgimento do moderno é normalmente definido, isto é, por que a arte de ambos apresenta tão poucos sinais dos efeitos da mecanização e da expansão dos bens de consumo.

11
William-Adolphe Bouguereau
As banhistas 1884
Óleo sobre tela
210 x 129
The Art Institute of Chicago. A. A. Munger Collection

12
Paul Cézanne
As três banhistas
1879-82
Óleo sobre tela
52 x 55
Musée du Petit Palais de la Ville de Paris

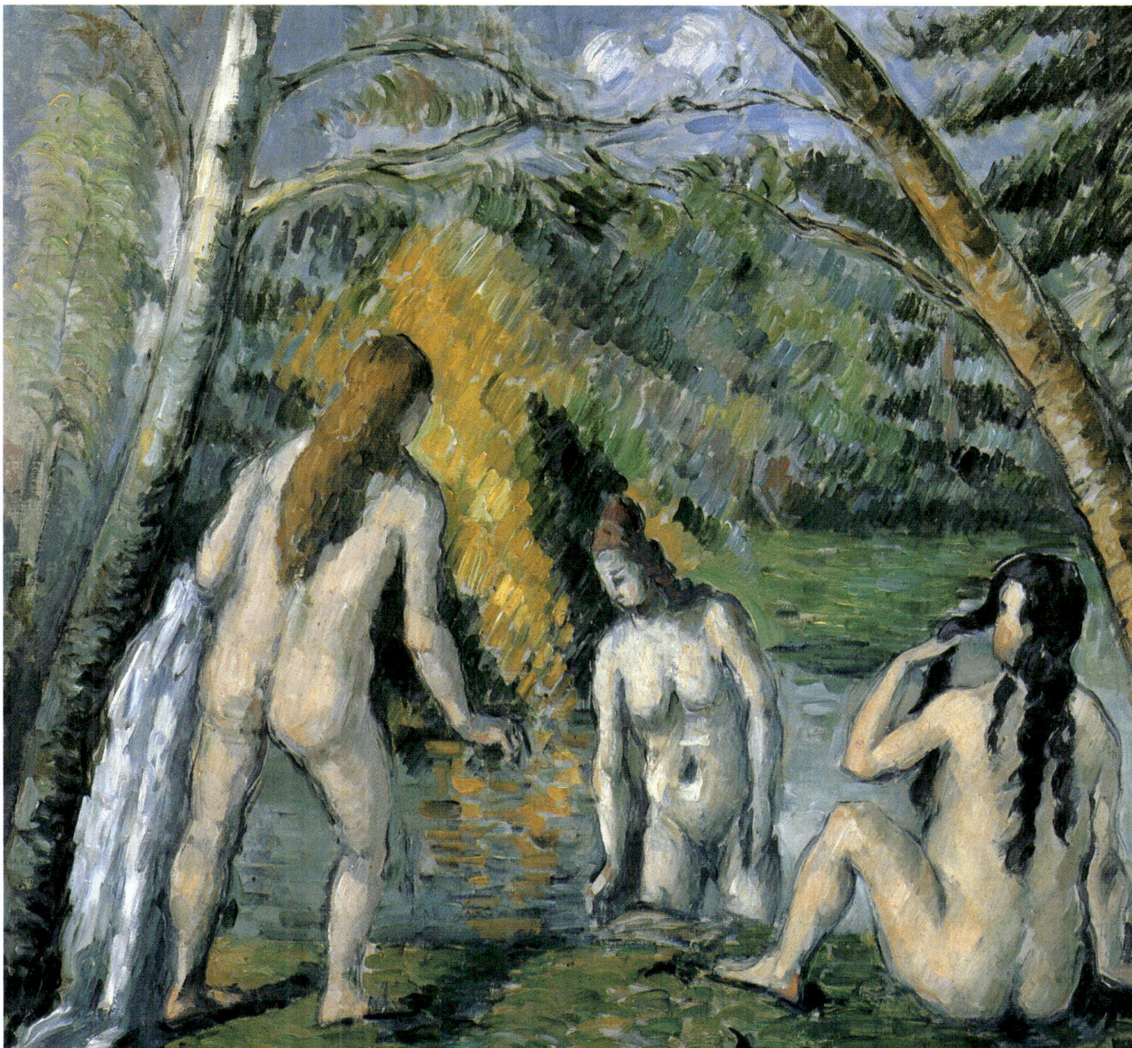

2

13
Odilon Redon
Perfil de uma mulher com um vaso de flores
c. 1895-1905
Óleo sobre tela
65,5 x 50,5
Tate Gallery, Londres

A Tradição Modernista

O principal foco deste livro recai sobre a arte modernista do final do século XIX e do século XX, mas, dada a conexão mencionada anteriormente entre a avaliação do modernismo e sua periodização, devemos nos deter na derivação de uma tradição modernista. Ao considerar as vastas implicações disso, é útil ter em mente os modos como o moderno e o clássico são diferenciados no estudo das línguas humanas. Língua moderna é a que ainda faz parte do uso cotidiano e, conseqüentemente, pode ser adaptada e transformada visando à expressão. Ao contrário, as línguas clássicas, como o grego antigo e o latim, acham-se fixadas numa forma imutável por obra de inscrições que resistiram ao tempo e dos cânones de sua literatura. A classificação é semelhante no campo da arte. A aspiração ao modernismo faz pouco sentido se tomada isoladamente. Ela se revela, de maneira geral, em contraste com os valores de alguma tradição cultural que o artista venha a considerar a um só tempo como canônica e imutável.

Na maioria das culturas européias durante os séculos XVII e XVIII, a arte clássica dos gregos e dos romanos constituiu os fundamentos de uma tradição contínua e forneceu os padrões constantes pelos quais toda e qualquer realização relevante deveria ser medida. Grande parcela dessa arte era compreendida com base em monumentos e fragmentos que resistiram ao tempo, e, embora nenhuma pintura grega tenha sobrevivido, suas supostas realizações foram extraídas da evidência da escultura e de sugestões de textos clássicos. Esses artistas, que sonhavam obter o patrocínio dos cultivados e dos poderosos, em sua maior parte aspiravam a uma espécie de termo de comparação. Isto é, entregavam-se à idéia de que o caminho para o sucesso em arte se definia pela autoridade dos modelos clássicos e pela continuidade dos princípios clássicos. A partir da metade do século XVII, na França, e do final do século XVIII, na Inglaterra, essa autoridade e esse senso de continuidade eram sobretudo delegados às academias (a Académie des Beaux-Arts em Paris e a Royal Academy em Londres), que ainda tinham a importante função de representar padrões de competência profissional para potenciais compradores e mecenas.

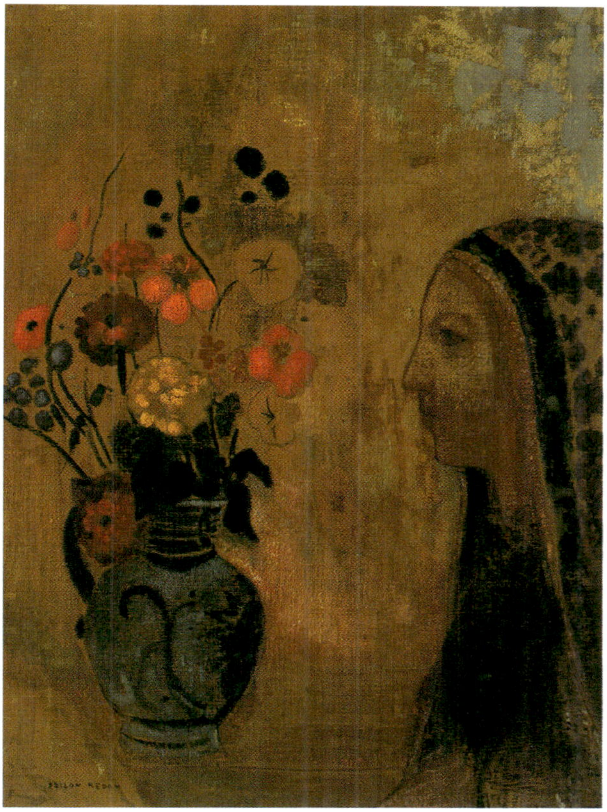

Em tais circunstâncias, o que significa para um artista conceber a arte "moderna" como uma forma alternativa? A primeira coisa que poderíamos dizer sobre esse artista é que ele ou ela deve ter sido levado a vivenciar a linguagem herdada da arte como inalterada e inalterável, e, assim, inadequada para qualquer forma de expressão espontânea ou individual. Ao perseguir a idéia de uma arte "moderna", esse artista seria, pois, motivado pela frustração com a rigidez e a impessoalidade da gramática e do vocabulário da arte dominante, e por uma certa determinação quanto à vigência e à diferença – o valor individual – daquilo que ele ou ela tem a expressar. É assim efetivamente que as coisas parecem ter ocorrido. No final do século XIX, tinha-se virtualmente convencionado que expressar uma tal mistura de frustração e determinação era proclamar a índole "modernista" de alguém. Eis o artista francês Odilon Redon (fig. 13) lançando um olhar retrospectivo sobre os seus tempos de estudante nos anos 1860:

> Os ensinamentos que eu recebia não condiziam com a minha natureza. O professor tinha pelos meus dons naturais a mais [...] completa falta de apreço [...] Via que seus olhos obstinados estavam cerrados diante do que os meus viam [...] Jovem, sensível e irrevogavelmente do meu tempo, eu ficava lá ouvindo uma retórica de não-sei-o-quê, derivada, não se sabe como, das obras de um passado fixo [...] Não havia elo possível entre os dois, não havia união possível. [Redon 1922, em Rewald 1961, p. 73]

Como essa passagem explicita, o objetivo de ser "moderno" nasceu de maneira característica de uma certa percepção segundo a qual o presente estava sendo indevidamente formado à imagem do passado, assim como de uma conseqüente perda de identificação com a tendência dominante da cultura. É razoável pensar que, onde essa perda foi significativa em termos da produção de formas distintas de arte, isso não pode ter sido apenas a experiência de alguns poucos indivíduos socialmente desajustados (ou "gênios"), mas deve ter coincidido com alguma mudança maior na auto-imagem de uma parte substancial da sociedade. Se o modernismo foi à época antiacadêmico em suas origens e desenvolvimento, como em geral o foi, isso não ocorreu simplesmente porque alguns artistas se recusavam a conformar-se aos estilos clássicos. Ocorreu, isto sim, porque todo o modo de existência em que se realizavam as intuições críticas modernistas era incompatível com o mundo de valores que as academias representavam. Em tais circunstâncias, os padrões acadêmicos estavam fadados a se mostrar, na melhor das hipóteses, inadequados e, na pior, decadentes e opressivos (como já se haviam mostrado ao romântico William Blake na virada do século XVIII para o XIX). O candidato a artista moderno deveria, pois, desviar seus olhos da tradição clássica legitimada – na direção de outras esferas da cultura ou até mesmo de outras culturas – em busca de modelos para emular e de parâmetros de realização estética.

Pensar no modernismo nesses termos é sugerir uma alternativa vigorosa para a identificação pura e simples da arte modernista com os empreendimentos de vanguarda do início do século XX. Como sugerido antes, isso implica reconhecer uma tradição de sensibilidade modernista com alguns blocos morais e intelectuais específicos, que podem remontar ao período que vai do final do século XVIII ao início do XIX. Esse é o período que abarca o Iluminismo europeu, a Revolução Francesa e o surgimento do romantismo na Alemanha. No pensamento de ponta desse período podem ser observadas algumas tendências principais, que se manteriam consistentemente relevantes para a busca do modernismo em todas as artes. Embora essas tendências estivessem estreitamente interligadas, visando maior clareza destacarei quatro delas.

A primeira é a confiança na possibilidade de progresso e melhora nas sociedades humanas, alcançados mediante a exploração dos avanços tecnológicos e a aplicação de princípios racionais. Na filosofia kantiana da época, via-se como uma obrigação inelutável das pessoas cultas o empenho pela eliminação do erro por meio de processos de autocrítica racional. A segunda tendência é uma determinação de romper com o legado do classicismo em suas formas aristocráticas (ainda que não, seja dito de passagem, com o ideal supostamente clássico de uma liberdade republicana). Para Denis Diderot, crítico do Iluminismo francês, gosto "moderno" era aquele que se distanciava constrangidamente dos modos neoclássicos decorativos do *ancien régime*. O compromisso com o ceticismo em face das crenças e idéias feitas, por mais abalizadas que pareçam, combinado a uma propensão a considerar a experiência direta a verdadeira fonte do conhecimento, sintetiza a terceira tendência. Para o filósofo empirista, cabia ao indivíduo responsável buscar libertar-se da superstição, e suspender determinada crença se nenhuma observação ou experiência relevante pudesse ser aduzida para confirmá-la. (Esse enraizamento no ceticismo iluminista ajuda a explicar a ausência virtualmente completa de temas religiosos tradicionais na arte modernista.) A quarta tendência, associada em particular ao movimento romântico, é sublinhar o papel da imaginação na salvaguarda e na realização, respectivamente, da liberdade e do potencial humanos. Pode-se dizer que essa última tendência representa uma síntese de todas as outras. A capacidade de imaginar uma ordem diversa de coisas é uma condição necessária da atividade crítica e autocrítica. É uma forma de projeção criativa do pensamento, que não passará de mero idealismo se não estiver fundamentada naqueles valores que a experiência direta confirma.

Aplicar o conceito de modernismo à história da arte é, pois, referir-se a uma tendência que atribui prioridade à imaginação tal como definida acima; que ratifica o valor da experiência direta e vê com olhos críticos as idéias que resistem à mudança. Como sugerido anteriormente, não se deve esperar que sejamos capazes de identificar um estilo modernista específico. A arte modernista tenderá, outrossim, a se definir pela referência aos tipos de estilo em relação aos quais marca sua diferença. Na verdade, poderíamos dizer que um dos signos distintivos da arte modernista seria uma espécie de ceticismo ou cansaço no que diz respeito a *qualquer* relação fixa entre o quadro e o seu tema – uma espécie de autoconsciência, em outras palavras, de *como* é praticado o ato de retratar. Na arte clássica do século XVIII e na arte acadêmica do XIX, a técnica era concebida como um meio de executar um tema. Presumia-se que, no momento em que essa execução estivesse acabada, a técnica como tal deixaria de ser perceptível. Algo como se ver através dela. É um traço distintivo do modernismo, como veremos, que seus meios técnicos não se permitam mais ser transparentes.

Essa distinção entre a arte pré-modernista e a modernista foi descrita por Clement Greenberg em termos hoje bastante utilizados:

> A arte realista, naturalista, dissimulou o meio, usando a arte para esconder a arte; o modernismo usou a arte para chamar a atenção para a arte. As limitações que constituem o meio da pintura – a superfície plana, a forma do suporte, as propriedades do pigmento – foram tratadas pelos mestres antigos como fatores negativos, que só implícita ou indiretamente poderiam ser reconhecidos. No modernismo, essas mesmas limitações passaram a ser percebidas como fatores positivos, e foram reconhecidas abertamente [...] Enquanto tendemos a ver num mestre antigo o que há no quadro antes de ver o quadro em si, vemos um quadro modernista antes de tudo como um quadro [...] [Greenberg 1960, em Greenberg IV 1993, pp. 86-7]

O ensaio do qual se extraiu essa citação foi publicado pela primeira vez em 1960, sob o título "Modernist painting" [A pintura modernista]. As idéias de Greenberg tiveram uma influência tão grande sobre o pensamento a respeito da natureza do modernismo, que nenhuma discussão do assunto pode ir muito longe sem levá-la em consideração. Valendo-se do que descreveu como uma "lógica de desenvolvimento", Greenberg buscou relacionar uma série de julgamentos decisivos em favor de artistas individuais com uma visão retrospectiva do modernismo como uma fase ou período histórico na cultura ocidental. Do ponto de vista de Greenberg, tudo o que estava "realmente vivo" na cultura moderna achava-se tomado de um aspecto autocrítico, cujas origens, de acordo com ele, remontavam ao Iluminismo. Segundo Greenberg, esse aspecto não deveria ser relacionado às imagens de uma obra ou a tais e tais conteúdos descritivos ou narrativos que ela viesse eventualmente a possuir. Ao contrário, ele se revelava em cada arte mediante uma espécie de concentração naquelas considerações técnicas que eram específicas do meio. Segundo a lógica de desenvolvimento percebida por Greenberg, "Cada arte devia determinar, por meio de suas próprias operações e obras, os efeitos que lhe eram exclusivos". Resultava daí que, em cada arte, esses efeitos "coincidiam com tudo aquilo que era único na natureza de seu meio". No que dizia respeito à pintura, a única propriedade era sua superfície plana. Sendo assim, "a pintura modernista se orientava mais que tudo para a aplanação" (loc. cit.).

Não devemos nos surpreender ao constatar que os artistas reunidos no cânone de Greenberg são aqueles cujas obras podem ser dispostas de modo a contar uma história da aplanação progressiva da superfície pictórica aparente e, em conseqüência, da perda progressiva da forma e do conteúdo figurativos. Essa história começou nos anos 1860 com o pintor francês Edouart Manet (fig. 14), cujas obras "se tornaram as primeiras pinturas modernistas em virtude da franqueza com que expunham as superfícies planas em que eram pintadas" (ibidem, p. 86). Continuou com os impressionistas e com Paul Cézanne, e se estende nas obras dos cubistas e de Henri Matisse, Joan Miró e Jackson Pollock (fig. 45), até Kenneth Noland (fig. 47) e Morris Louis (fig. 53). À produção destes últimos a atenção crítica de Greenberg estava voltada no momento em que escreveu seu ensaio.

É preciso esclarecer que a descrição que "Modernist painting" oferece é uma descrição da *grande* arte. A lógica de desenvolvimento que Greenberg observa pode ser aplicada especificamente à pintura e, em termos gerais, à escultura, e ao tipo de música e de literatura por vezes chamado de "sério", mas só pode ser estendida à cultura mais ampla em termos negativos. Em outras palavras, ao identificar a um só tempo o modernismo com as formas da grande arte e com tudo o que está "verdadeiramente vivo na nossa cultura" (ibidem, p. 85), Greenberg estava consignando as culturas popular e de massa aos domínios do culturalmente inerte. Essa posição é observada nas conclusões de um ensaio bastante anterior, "Avant-garde and kitsch", de 1939, em que ele sugeria que o papel da vanguarda era "manter a cultura *em movimento* em meio à confusão e violência ideológicas" e ante o efeito entorpecedor do *kitsch* (Greenberg 1939, em Greenberg I 1986, p. 8). Sob a denominação de *kitsch* – "o epítome de tudo aquilo que é espúrio na vida de nosso tempo" –, Greenberg fundiu as obras da academia moderna com os produtos sintéticos da cultura de massa urbanizada (ibidem, p. 12).

14
Edouard Manet
Le déjeuner sur l'herbe
[*O piquenique*] 1863
Óleo sobre tela
208 x 264
Musée d'Orsay, Paris

Apesar da influência exercida pela análise de Greenberg, é claro que algumas fortes objeções foram levantadas contra a sua descrição da cultura dos últimos duzentos e poucos anos. Embora "Modernist painting" não tenha sido explicitamente escrito como uma defesa da arte abstrata, é difícil perceber de que forma os temas figurativos tradicionais da pintura poderiam sobreviver ao tipo de processo redutivo que Greenberg parece propor como inescapável. Muitos não aceitaram a conseqüente associação da alta arte moderna à pintura e à escultura abstratas. Para outros, era inconcebível uma teoria do modernismo que fizesse uma distinção entre os valores da pintura modernista de um lado e a cultura popular de outro em termos, na aparência, tão desfavoráveis para esta última. Mesmo aqueles que concordam amplamente com as opiniões de Greenberg a respeito de quais sejam os pintores mais importantes do período podem ainda assim se sentir incapazes de concordar com os termos em que estão reunidos: a lógica de desenvolvimento pela qual se supõe que a pintura vá de modo progressivo se purgando de imagem, detalhe e profundidade em busca de uma espécie de "pureza" redutiva. Já se observou com freqüência que a "lógica de desenvolvimento" de Greenberg só é confirmada pela evidência da pintura se se permite que as exceções aparentes – aqueles artistas que, como Salvador Dalí, continuam ao longo do século XX a utilizar formas claramente modeladas e espaços profundamente ilusionistas – não adquiram de fato status de "grande" arte e, dessa maneira, não precisem sequer ser levadas em conta.

Para aqueles interessados em manter valores tradicionais numa forma ou noutra, e para todos aqueles que se situam à margem do arcabouço proposto por Greenberg, a arte modernista tal como ele a descreve deve ser vista apenas como um tipo de prática entre muitos outros; o qual, além do mais, parece lidar de modo excludente exatamente com aquelas competências na pintura ilusionista que muitas pessoas continuam a esperar da arte. Tais pessoas tendem a ver os que adotam esse arcabouço como se estivessem eles próprios presos a – e pregando – uma forma de "Modernismo". A lição importante aqui é que falar em modernismo não significa necessariamente se referir apenas a uma forma da prática da arte. Cada vez mais, desde o começo dos anos 60, a palavra "Modernismo" tem sido usada para rotular uma tradição e uma tendência específicas em crítica – nas quais a arte do período moderno é vista e representada de forma consistente com as teorias e julgamentos de Greenberg.

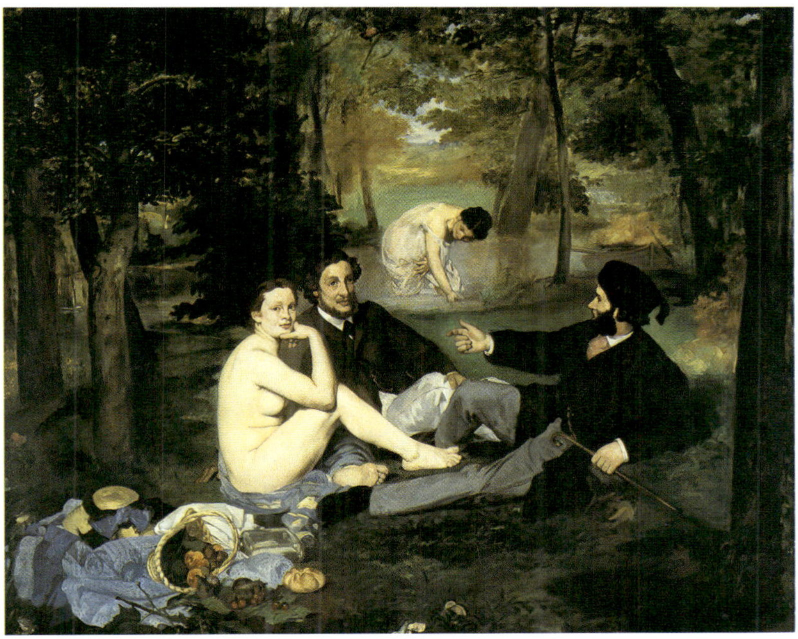

Examinaremos mais de perto o caráter dessa tradição crítica nos capítulos 5 e 6, e voltaremos a dar atenção à descrição da arte moderna por Greenberg no capítulo 7. Por enquanto, meu objetivo será empregar um tipo de visada "Modernista" à pintura e à escultura do final do século XIX e do XX, de modo a assinalar uma tendência ou tradição artística específica caracterizada segundo linhas "Modernistas". No entanto, procurarei também me afastar de tal visada para que os julgamentos e pressuposições que ela envolve possam ser submetidos a um escrutínio. As palavras "Modernismo" e "Modernista" serão doravante escritas com inicial maiúscula toda vez que eu desejar que sejam entendidas prioritariamente como se referindo a uma tradição ou ponto de vista crítico e não artístico. Como irá ficando cada vez mais claro, porém, não será sempre possível ou útil distinguir entre as tendências da prática artística e as da crítica.

3

Autoconsciência e Ceticismo

Se as raízes do modernismo podem ser com justeza remontadas ao fim do século XVIII, a eleição de Manet por Greenberg como "o primeiro pintor modernista" sugere que a tendência representada pelo modernismo levou um tempo considerável para alcançar resultado prático na arte. Sugere também que o momento daquele resultado, quando por fim chegou, foi tal que pôde ser assinalado com precisão. Ambas as sugestões merecem ser tratadas com certa cautela. Formas de prática acadêmica decerto continuaram predominantes durante a primeira metade do século XIX, em sua maior parte mantidas por uma clientela aristocrática e, cada vez mais, por agências governamentais e pelos que fizeram fortuna comercial. Mas, como sugeri, muitas das prioridades e acometimentos que comporiam uma tradição modernista foram elaborados gradualmente no mesmo período. Durante a segunda década do séc. XIX, Caspar David Friedrich na Alemanha e John Constable na Inglaterra produziram pinturas de paisagem de grande poder estético, que em boa dose independiam dos princípios ordenadores do classicismo. Friedrich instilou em sua obra uma ressonância psicológica romântica. As pinturas de Constable pareciam ter origem num olhar resolutamente empírico sobre o mundo natural, arriscando-se assim a ser apodadas de pouco "artísticas". Durante os anos 1820 e 1830, muitos artistas franceses buscavam pontos de referência fora da tradição européia. O mais notável entre eles, Eugène Delacroix, trouxe exotismo de cor e textura pictórica decididamente não clássico ao tratamento de temas norte-africanos e do Oriente Médio. E nas décadas de 1840 e 1850, uma nova voz social se viu representada nas pinturas realistas de Gustave Courbet. Embora, com freqüência, sujeitos a uma visão sentimentalista nas academias, o campesinato francês e os pobres marginalizados das capitais européias se mantiveram intocados pelo decoro dos clássicos. Na metade do século começaram a surgir nas pinturas, por assim dizer, em maiores condições de igualdade com o público respeitável. Essa nova forma de aparecimento era um sinal, com freqüência ameaçador para aquele público, de que as forças e tensões sociais que impeliam o próprio modernismo estavam sendo trazidas cada vez mais para a superfície da arte. Devemos lembrar também que os cinco volumes de *Modern painters* [Pintores

15
James Abbott McNeill Whistler

A moça branca (Sinfonia em branco nº 1) 1862

Óleo sobre tela
214,7 x 108
National Gallery of Art, Washington D.C. Harris Whittemore Collection

modernos], de John Ruskin, estavam sendo publicados na Inglaterra entre 1843 e 1860, e que o foco principal de seu esforço era a obra de J. M. W. Turner, enquanto o crítico e poeta francês Charles Baudelaire lançava sua convocação a uma "pintura da vida moderna" ao resenhar o Salão francês de 1859.

Há, na verdade, evidência suficiente para mostrar que a defasagem entre as formas de prática artística clássica e moderna aumentava gradativamente à medida que o século XIX avançava. Pode-se dizer, contudo, que a *distinção* do temperamento modernista se tornou pela primeira vez total e assumidamente perceptível durante os anos 1860, quando as pinturas de Manet chamaram a atenção do público. O Salão francês de 1863 marcou um ponto de inflexão nítido e público; ou melhor, o que revelou a inflexão de maneira mais significativa e pública foi o contraste entre o Salão oficial e o Salão dos Recusados (Salon des Refusés), criado pelo imperador depois dos protestos provocados pela quantidade e natureza das exclusões do Salão naquele ano. O júri rejeitara cerca de 60% das obras inscritas. A justificativa aparentemente liberal para mostrar essas obras no Salão dos Recusados era permitir ao público julgar por si próprio. Manet foi um dos que escolheram exibir assim suas obras rejeitadas, sendo *Le déjeuner sur l'herbe* a mais notória delas (fig. 14). James McNeill Whistler estava feliz em entregar sua pintura *The white girl* [A moça branca] (fig. 15) para essa forma alternativa de julgamento. Camille Pissarro e Paul Cézanne estavam entre os outros expositores. Com a vantagem do olhar retrospectivo, podemos concluir que, em 1863, aqueles passíveis de serem excluídos do principal foro profissional por motivo de "incompetência" incluíam um número significativo dos pintores que hoje situamos entre os artistas mais representativos de seu tempo. O que isso sugere é que formas conflituosas de avaliação estavam em ação no mundo mais vasto da arte. Dito de outro modo, em 1863 – na França,

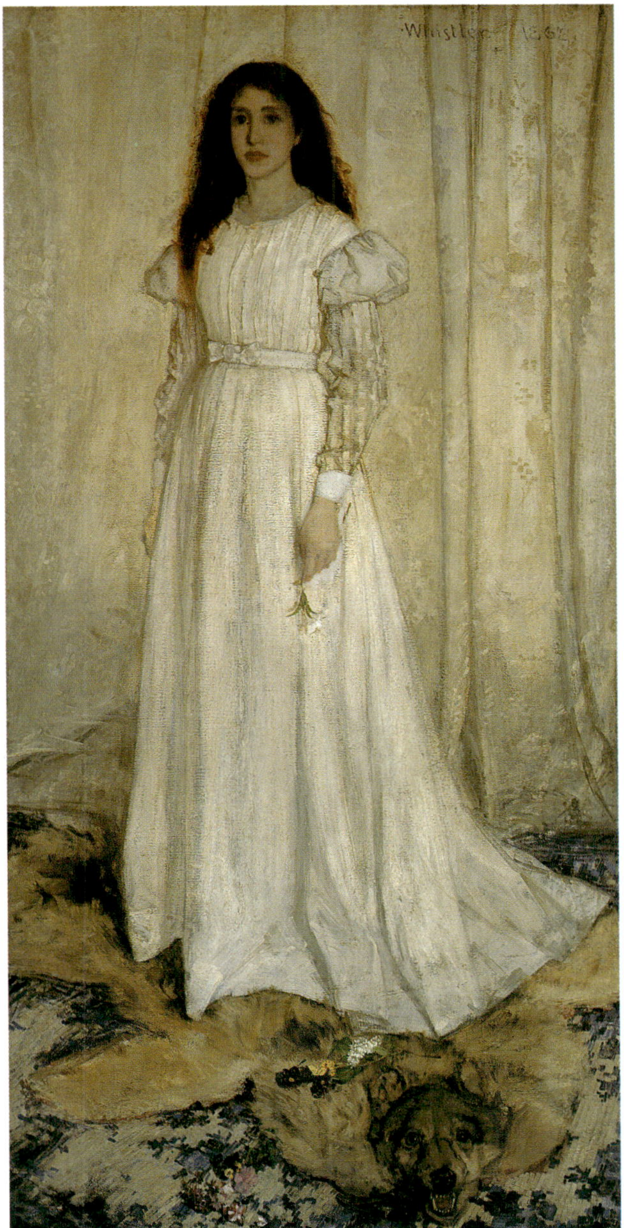

pelo menos – estava se tornando claro que o gosto em matéria de arte não era mais algo que uma porção que dominava a sociedade pudesse definir e controlar.

Mesmo com um olhar retrospectivo, não se deve pensar, porém, que o Salão dos Recusados tenha sido um triunfo evidente dos valores que hoje associamos ao modernismo. Uma grande proporção das 3 mil obras rejeitadas provavelmente era composta de tentativas malsucedidas de realizar pinturas acadêmicas normais. Ao permitir que suas pinturas fossem expostas ao lado delas, pintores como Manet e Whistler corriam o risco de que suas obras fossem vistas pelos visitantes do Salão dos Recusados como aquilo que o júri julgara que fossem: "incompetentes" em vez de modernas. O risco, noutras palavras, era que a diferença crítica de suas próprias pinturas não fosse registrada – como sem dúvida não foi pela maioria dos visitantes. Qual era, então, a natureza dessa diferença? Como se manifestava? E como as obras de Manet, e, o que era ainda mais improvável, de Cézanne (de cujas obras o próprio Manet era incapaz de aceitar o mérito), passaram a ser vistas no final não só como talentosas, mas possuidoras de valor perene? Ao nos determos na segunda dessas perguntas, alcançamos a chave para responder às outras duas. Se formos capazes de explorar os efeitos que distinguem essas obras, estaremos em condições de apreciar o seu afastamento das normas da época. Poderemos também começar a compreender por que elas tenderam a manter seu interesse e valor, enquanto as obras de artistas mais imediatamente bem-sucedidos passaram a ser desprezadas.

O que estamos considerando, na verdade, são as razões para a instituição do modernismo como a arte representativa do período moderno. Continuando, pois, essa busca, gostaria de examinar duas pinturas produzidas a poucos anos uma da outra na metade da década de 1870, uma de Manet (fig. 16) e a outra de Carolus Duran, um pintor cuja obra era mais consistentemente tida como aceitável no Salão (fig. 17). Escolhi-as porque se assemelham em vários aspectos. Cada uma delas utiliza o formato de paisagem para representar uma figura de mulher de corpo inteiro e em tamanho natural reclinada numa pose indolente. Em ambas as telas a mulher parece olhar de modo a atrair o olhar do espectador, ou melhor, de alguma pessoa imaginária cuja presença a composição parece pressupor.

16
Edouard Manet
Mulher com leques (Nina de Callias) 1873
Óleo sobre tela
113 x 166,5
Musée d'Orsay, Paris

17
E. Carolus Duran
Mademoiselle de Lancey c. 1876
Óleo sobre tela
157,5 x 200
Musée du Petit Palais de la Ville de Paris

Poderíamos dizer, colocando de outra forma o que acaba de ser dito, que cada pintura proporciona a seu espectador real um papel imaginário como interlocutor da mulher. Ao explorar as diferenças nesses papéis imaginários e nos meios de sua construção, confrontamo-nos imediatamente com algumas diferenças de efeito entre as duas telas. No caso de Carolus Duran, somos convidados a olhar através da superfície da tela da maneira que Greenberg a associava à "arte realista naturalista", como que a nos projetar no espaço que a mulher parece ocupar. Deter-se demasiado tempo nos meios pelos quais a ilusão é mantida – a modelação de sua figura, as técnicas para a representação de cetim e de pérolas – seria de algum modo perder de vista a figura roliça em seu espaço ensombrado, e abandonar aquele estado mental em que sua identidade e caráter se imprimem em nós. Com a pintura de Manet é diferente. O nível do olhar está situado um pouco mais abaixo, a figura ligeiramente mais próxima no espaço pictórico. Por pequenas que sejam, essas diferenças são suficientes para localizar

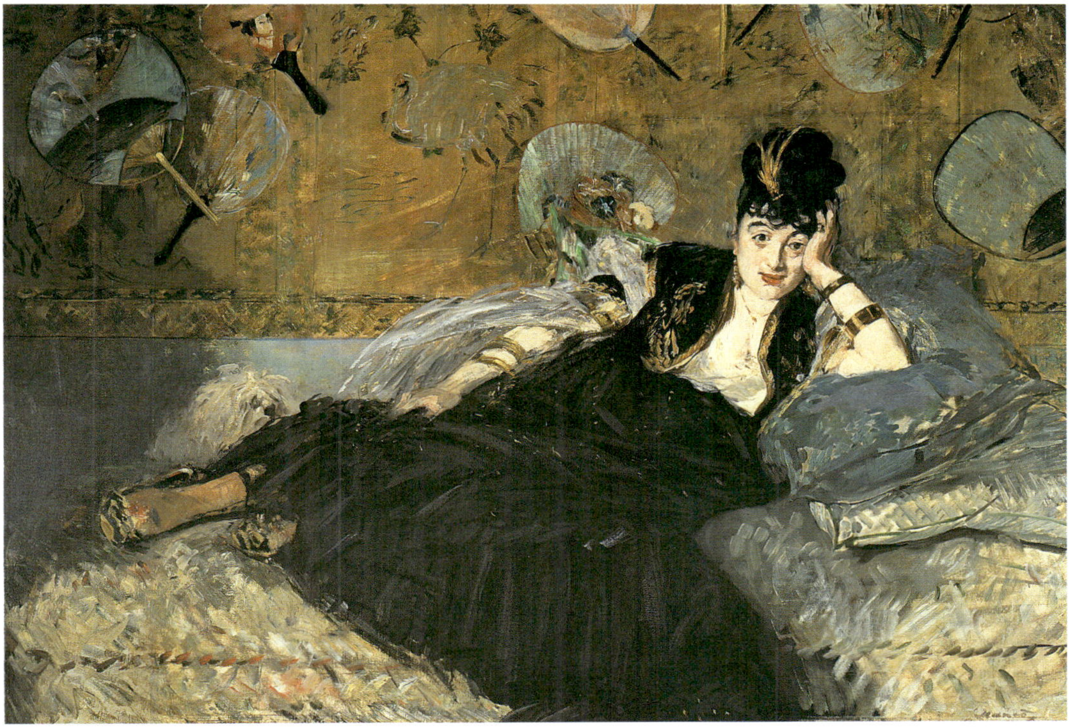

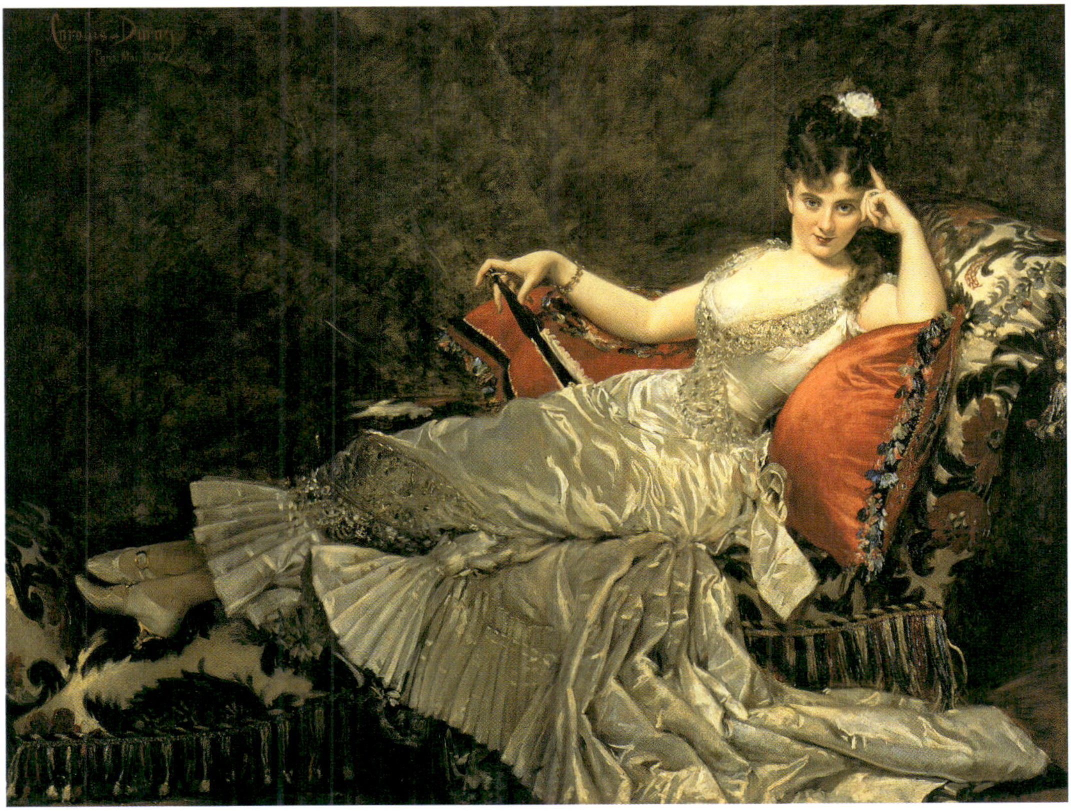

o espectador como que no mesmo nível, muito próximo ao plano da pintura (a "frente" imaginária do espaço representado), embora firmemente do lado de cá dele. A relativa falta de profundidade do espaço pictórico serve para enfatizar um sentimento ao mesmo tempo de proximidade e de autoconsciência da parte do espectador, enquanto a franqueza com que a ilusão é alcançada parece coerente com o caráter despretensioso da figura que confrontamos.

Se fôssemos resumir essas diferenças de efeito, diríamos que, enquanto a tela de Carolus Duran constrói o seu tema para que ele seja abordado e visto de maneira agradável, Manet trata o espectador e o tema como sócios potencialmente iguais numa troca social. Tal avaliação, sem dúvida, coadunar-se-ia com o que pode ser descoberto sobre os respectivos temas das duas pinturas. Mademoiselle de Lancey era uma atriz, que Carolus Duran deve ter sido contratado para representar no estilo de uma bela da sociedade. O modelo de Manet, Nina de Callias, era amiga do artista, uma mulher socialmente independente que era anfitriã das reuniões dos círculos artístico-literários que ele freqüentava.

Há dois pontos a serem observados aqui. O primeiro é que em cada caso a forma e a composição do quadro não servem apenas para descrever um certo tema – a mulher representada –, mas também para situar o espectador numa relação imaginária específica com aquele tema. Na verdade, poderíamos agora redefinir o que entendemos por "tema", para que não inclua tão-somente *o que* é pintado, mas também o tipo de efeito na imaginação do espectador que se segue a *como* a representação é feita. Assim, um efeito da pincelada mais perceptível da pintura de Manet é acentuar o envolvimento do espectador com o que a tela mostra.

O segundo ponto é que, enquanto algumas telas, como as de Carolus Duran, nos convidam à projeção através de suas superfícies transparentes e a nos tornarmos hóspedes de seus espaços fictícios, outras, como as de Manet, parecem, ao contrário, agir sobre o espaço já ocupado por nós e exigir que redefinamos nossa autoconsciência nos próprios termos delas, com freqüência bastante específicos. Quanto a se podemos ou não aplicar essa distinção a obras de períodos anteriores, o fato é que parece ter sido apenas entre a metade e o final do século XIX que ela adquiriu importância crítica como questão. É como se a pessoa para quem Manet estava pintando fosse alguém para quem a realidade social representada pelo retrato de mlle. de Lancey não era mais plausível ou atraente. Afirmar isso é também dizer algo sobre onde deveríamos buscar explicação para tais diferenças. É sugerir que não deveríamos pensar apenas em termos de evoluções na arte da pintura, mas também em termos de mudanças sociais e culturais mais amplas – processos e conseqüências da modernização – às quais a própria pintura estava fadada. Os tipos específicos de mudança a que me refiro foram, é claro, aqueles que, pode-se dizer, definiram a experiência da modernidade. Foram as mudanças que se abateram sobre a consciência que as pessoas tinham de si próprias, na medida em que esta era dada pelo seu meio social e físico imediato: pela natureza de suas relações com os outros e pela sua experiência da vida urbana, suburbana ou rural. O fator distintivo no que passou a ser visto como modernismo, porém, é que, em lugar de simplesmente refletir essas mudanças, ele envolve algum tipo de reflexão *sobre* elas: a reivindicação de uma posição – uma autoconsciência crítica – perante a modernidade.

Aqui está, portanto, o ponto em que uma brecha parece se abrir entre o modernismo e a modernidade. O modernismo não era a mera expressão passiva da experiência da modernidade. Ao contrário, deveria representar a tentativa de garantir uma relativa independência de pensamento e valor – uma certa autonomia – em face dessa experiência. A auto-imagem do modernista, assim construída, dependia da manutenção de algum sentido de distância dos que eram vistos como os típicos representantes do moderno, isto é, dos que eram ou os agentes ou os pacientes da modernização.

No que dizia respeito à prática da arte, o que estava envolvido nesse processo de distanciamento era uma espécie de *desregulagem* cética daqueles tipos de relações estáveis entre o tema e o espectador que as obras de arte tendiam a assumir anteriormente. *Le déjeuner sur l'herbe*, de Manet, era escandaloso não porque retratava uma forma típica de situação social moderna, o que aliás não fazia, nem porque oferecia uma descrição realista de alguma alternativa boêmia excitante. Seu efeito perturbador sobre o espectador consistia antes em tornar presentes na imaginação justo aqueles componentes que a vida social moderna não podia permitir que estivessem juntos na prática – entre outros, a nudez e os trajes modernos. (Para aqueles capazes de reconhecer suas citações, as ironias da pintura de Manet eram claras o suficiente. Seu tema geral aludia ao tipo clássico da *fête champêtre*, em que era normal a combinação graciosa de figuras vestidas e nuas, enquanto o principal grupo de figuras posou de acordo com uma composição atribuída a Rafael.) Isso pode, por fim, nos ajudar a compreender por que exatamente obras como essa, afinal de contas, se distinguiam da grande quantidade de outras obras contemporâneas com as quais era possível compará-las. A diferença cheia de interesse das pinturas de Manet falava àqueles cujas respostas a processos de modernização e à experiência da modernidade já se mostravam ambíguas. Ao servir para distinguir as imagens idealizadas do passado das aparências desconfortáveis do presente, os momentos de intimidade dos momentos de alienação, elas pareciam se dirigir a e encorajar um estado de alerta quanto ao *caráter* complexo do moderno, ao menos aos olhos daqueles que agora aproveitavam a oportunidade para se pôr na dianteira, por intermédio de atos críticos, empresariais ou de patrocínio, como os juízes competentes da arte, da música, da literatura e dos costumes do presente. Isso significa dizer que o sucesso da arte modernista pode estar associado ao surgimento de uma clientela "modernista" distinta, uma clientela cujos valores críticos ela ajudou a definir ao dar-lhes forma imaginativa. Da metade do século XIX até pelo menos a parte final do XX, nada serviu tão consistentemente para identificar os membros dessa clientela quanto a sua preocupação em se distanciar dos gostos e valores normais da "burguesia". Note-se, porém, que eles próprios não tinham outra classe à qual pertencer. Não bastava querer para tornar-se membro da aristocracia, e, de todo modo, esta encontrava-se em declínio como força determinante da cultura. Por outro lado, ser escritor, patrono ou empresário era, por definição, excluir-se a si próprio da classe operária. Se os membros da clientela modernista pretendiam manter um padrão distintivo, era necessário então que demonstrassem

sem cessar o caráter *excepcional* de seus próprios gostos e interesses. Nessas circunstâncias, não é difícil perceber o quanto uma arte aparentemente difícil e impopular pode demonstrar ser útil.

Fiz uso considerável da idéia de que há uma forma de experiência imaginária que a arte de Manet solicita e define. Sugeri, no capítulo anterior, que a ênfase na função crítica e autocrítica da imaginação pode ser vista como central à

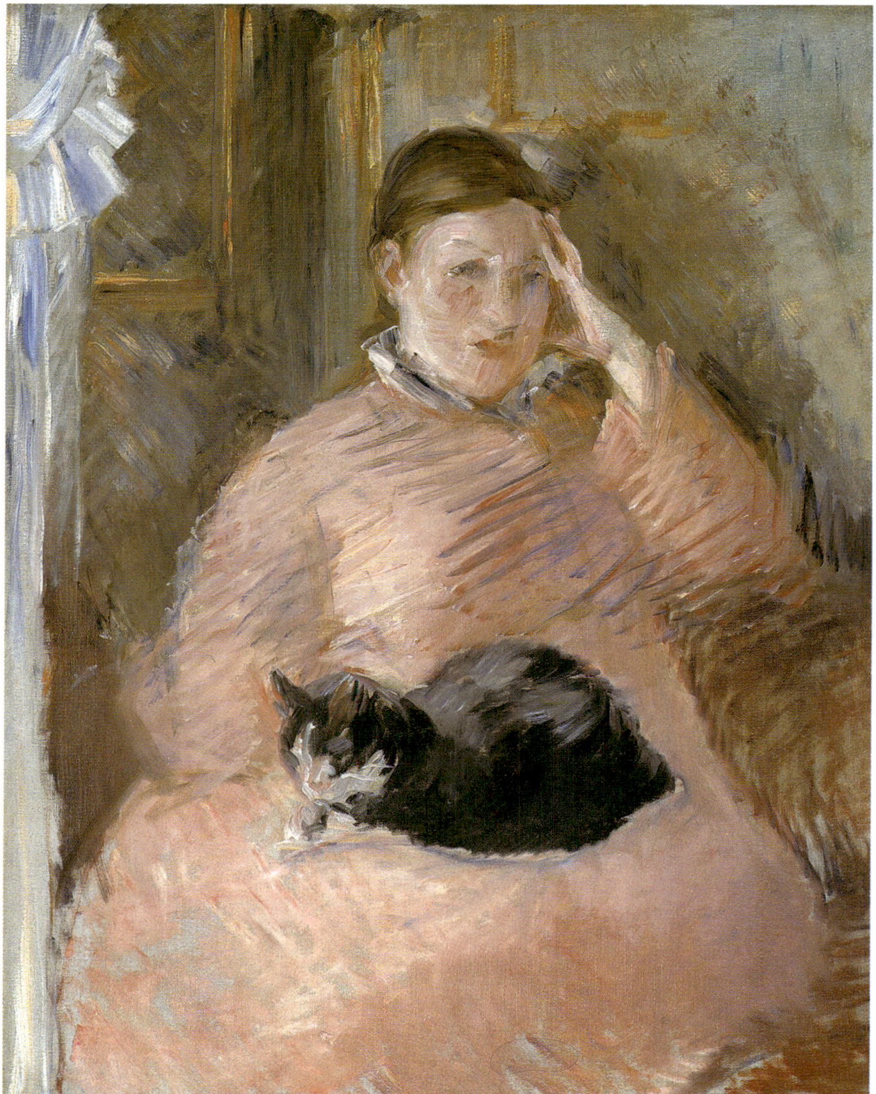

18
Edouard Manet
Mulher com gato
c. 1880
Óleo sobre tela
92,1 x 73
Tate Gallery, Londres

tendência do modernismo. Podemos agora desenvolver essa sugestão ao longo das coordenadas seguintes. A pintura modernista põe em ação a distinção entre a autoprojeção ou fantasia injustificada, de um lado, e a autoconsciência ou imaginação crítica, de outro – uma distinção que é necessária tanto para seus próprios fins estéticos como para a auto-imagem do público que ela atrai. Para assinalar a pertinência de seu projeto, a obra modernista talvez tenha de estabelecer alguma forma de referência à cultura à sua volta. Mas a distinção que tem a oferecer não se faz apenas em termos daquilo que a tela modernista mostra. De modo mais significativo, se faz tendo em vista o tipo de atividade *autoconsciente* que ela define – e define como *moderna* – para o espectador. É, pois, antes de mais nada e sobretudo por meio das formas manifestas de sua composição – não apenas por meio do tema representado, mas por meio de formas de negociação prática entre aquele tema e a superfície pintada – que a obra de arte modernista serve para posicionar seu espectador paradigmático em relação aos costumes morais e intelectuais do seu tempo. Assim, poderíamos associar a característica do modernismo com a geração de uma espécie de ceticismo no espectador. Poderíamos dizer que o que distingue a obra modernista da meramente contemporânea é que a primeira faz do envolvimento com os modos de representação *uma condição de resposta válida* ao que quer que esteja sendo representado.

No retrato tardio de sua mulher, atualmente na Tate Gallery (fig. 18), podemos ver as implicações técnicas do modernismo de Manet levadas a um ponto em que a exigência feita ao espectador é palpável e severa. A pintura estimula nossos esforços habituais de separar a imagem da superfície pintada, e assim fazê-la corresponder a nossos estereótipos de domesticidade sólida e confortável. Mas Manet estimula esses esforços apenas para depreciá-los. Apesar de toda a sua naturalidade, a imagem jamais perde por completo seu artificialismo transparente. Por mais que tentemos imaginar a figura de carne e osso em seu ambiente caseiro, nós nos vemos enredados no processo mesmo de sua fabricação. Experimentar a pintura dessa maneira, *como uma composição*, é compreender o tipo de trabalho necessário para ver e representar sem sentimentalismo. Há uma satisfação de tipo estético nessa compreensão, mas não é um sentimento que possamos trazer como algo tranqüilizador para os contextos normais de nossa própria existência social. Como diria o poeta modernista T. S. Eliot: "A humanidade não é capaz de suportar muita realidade".

4

Efeitos e Sensações

Se o ceticismo foi um dos lados da moeda modernista na parte final do século XIX, a confiança na validade e na originalidade da experiência sensível foi o outro. A experiência em questão não era, porém, concebida apenas como fisiológica, tal qual as sensações de calor ou de frio. Era concebida como instrutiva, e, em particular, como instrutiva para a imaginação. A reivindicação que a pintura impressionista ainda faz a nossa atenção, por exemplo, não é a de que seus assuntos e motivos são invenções originais, mas de que os seus vários efeitos têm a sua origem na "verdade" da sensação, seja o efeito caleidoscópico da luz solar sobre a água em movimento (fig. 19), seja o efeito de ocultamento da névoa sobre os campos (fig. 20). A sensação é supostamente "verdadeira" por ser involuntária e por conseguinte inquestionável. O que se acha implícito é que apenas por intermédio de uma exposição resoluta a essa "verdade" seremos capazes de perceber a falsidade e a *falta* de originalidade das pinturas convencionais – ou seja, daquelas que têm sua origem não na natureza, mas no hábito e na autoridade.

19
Claude Monet
Efeito do outono em Argenteuil 1873
Óleo sobre tela
55 x 74,5
Courtauld Institute Galleries, Londres

20
Camille Pissarro
Manhã nublada em Creil 1873
Óleo sobre tela
38 x 56,5
Frau Marianne e dr. Walter Feilchenfeldt, Zurique

Os artistas que vieram a ser conhecidos como impressionistas expuseram juntos pela primeira vez, numa mostra independente, em 1874. As reações conservadoras eram esperadas e só podiam ser de repúdio, mas as várias respostas favoráveis à exposição aumentaram o reconhecimento das diferenças críticas que tinham sido observadas entre os "Recusados" onze anos antes. Alguns anos mais tarde, o impressionista Camille Pissarro identificou explicitamente a modelação gradativa e o *chiaroscuro* suavizado do pintor do Salão com a "falsidade" da vida social burguesa. Em contraste, ele atribuiu uma virtude democrática à forma da pintura do impressionismo tardio, que se realizava como uma série de pinceladas derivadas da percepção empírica do mundo. Essas pinceladas se combinavam não na tela propriamente, mas no processo de visão, produzindo assim na experiência de cada espectador alerta um equivalente ativo da sensação original (fig. 21). Pissarro acreditava que a vibração óptica da tela era a prova da sua integridade – do fato de ela se basear efetivamente na sensação e não em alguma forma de decoro cultural.

Para Pissarro, a integridade do impressionismo era assegurada pela maneira

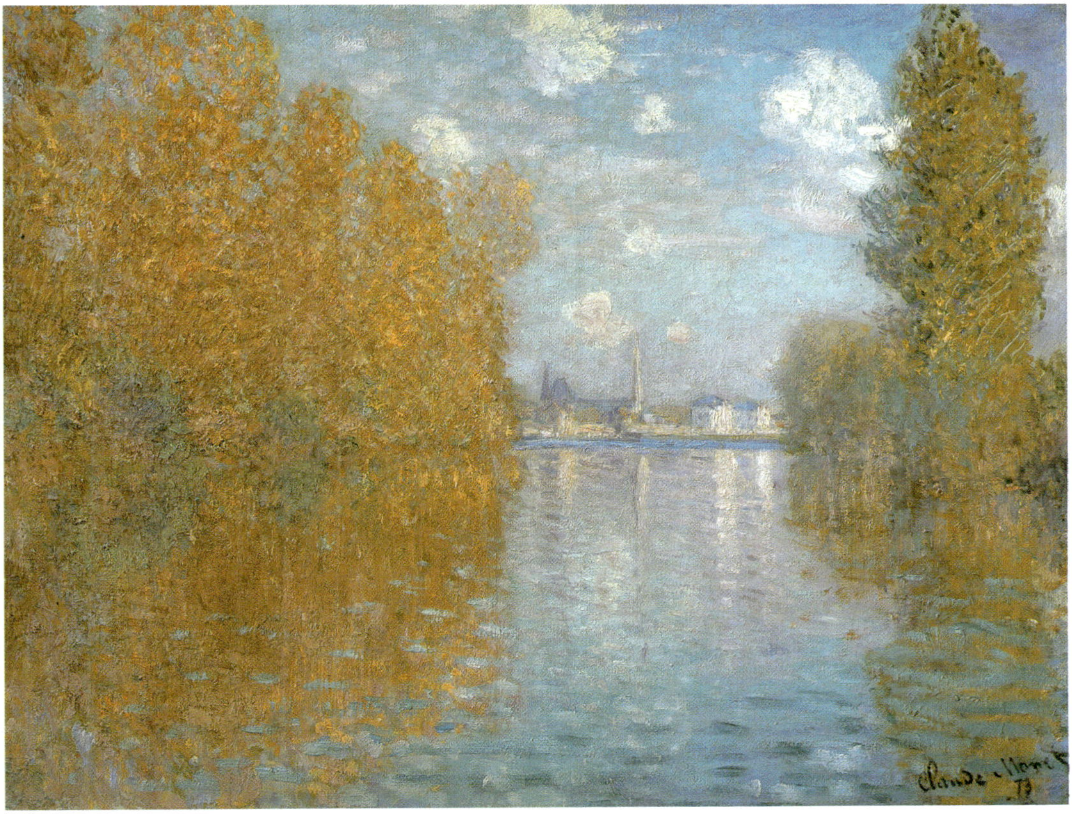

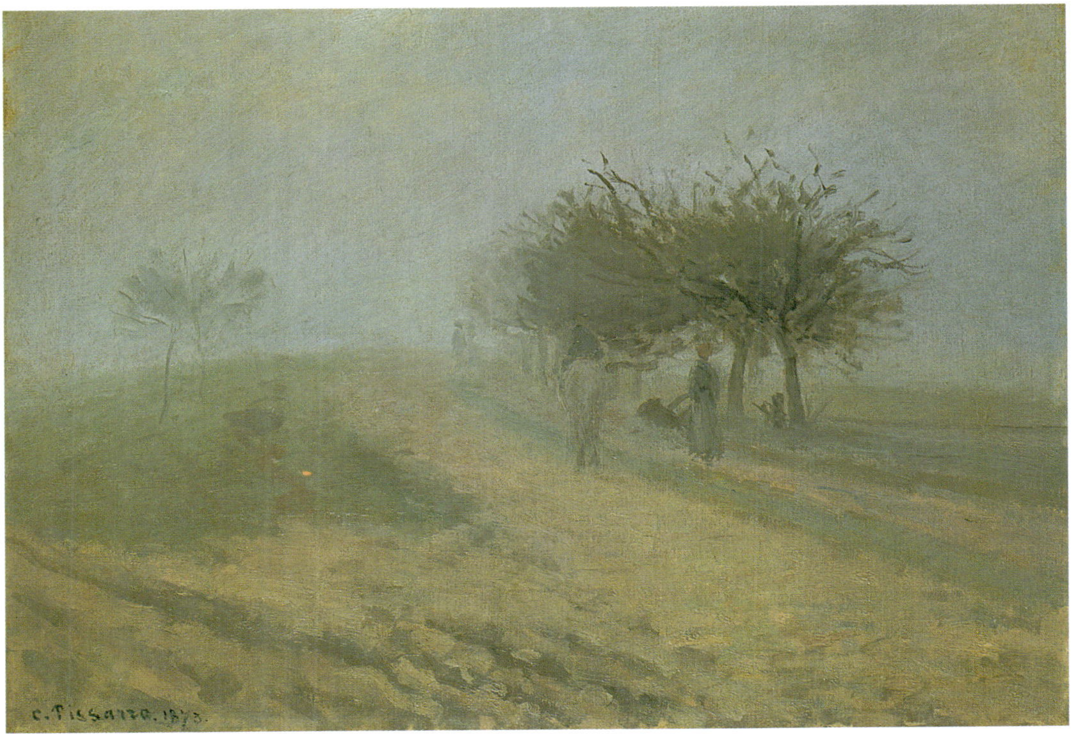

como representava um mundo concebido essencialmente como social. É evidente, porém, que havia outras implicações a serem deduzidas da exploração pictórica de uma série intensificada de efeitos de cor. Depois da década de 1880, Claude Monet, o companheiro de impressionismo de Pissarro, dedicou sua atenção a um campo cada vez mais limitado de motivos naturalistas, cada um estudado com intensa concentração sob condições diversas de luz e de atmosfera: filas de choupos, montes de feno, vales de rios e, finalmente, os lagos de nenúfares que o ocuparam continuamente de 1890 até sua morte em 1926 (fig. 22). A figura humana se acha conspicuamente ausente dessas telas, e elas tampouco parecem tangenciar de alguma forma evidente o mundo das preocupações humanas, a não ser que este esteja disposto a ser reconcebido como um mundo em que a questão suprema seja a vividez dos efeitos naturalistas e o caráter qualitativo da experiência sensível dos homens.

22
Claude Monet
Nenúfares c. 1916-20
Óleo sobre tela
200,7 x 426,7
National Gallery, Londres

Nesse ponto podemos observar o que começa a se parecer cada vez mais com um conflito de prioridades no interior do vasto projeto da pintura modernista – um conflito entre a busca de sensações e efeitos pictóricos, de um lado, e, de outro, seu compromisso com um legado realista. A aspiração ao realismo havia sido instrumental na formação do caráter distinto da pintura modernista nas décadas de 1860 e 1870. Mesmo onde não foi levada adiante na prática, essa aspiração continuou a trabalhar no interior da consciência do modernismo até bem depois da virada do século XIX. A maneira como concebemos a vasta história e o desenvolvimento do modernismo está, portanto, sujeita a ser influenciada por nossa compreensão da natureza desse aparente conflito de prioridades. Daí se segue que devemos atentar para as questões em jogo.

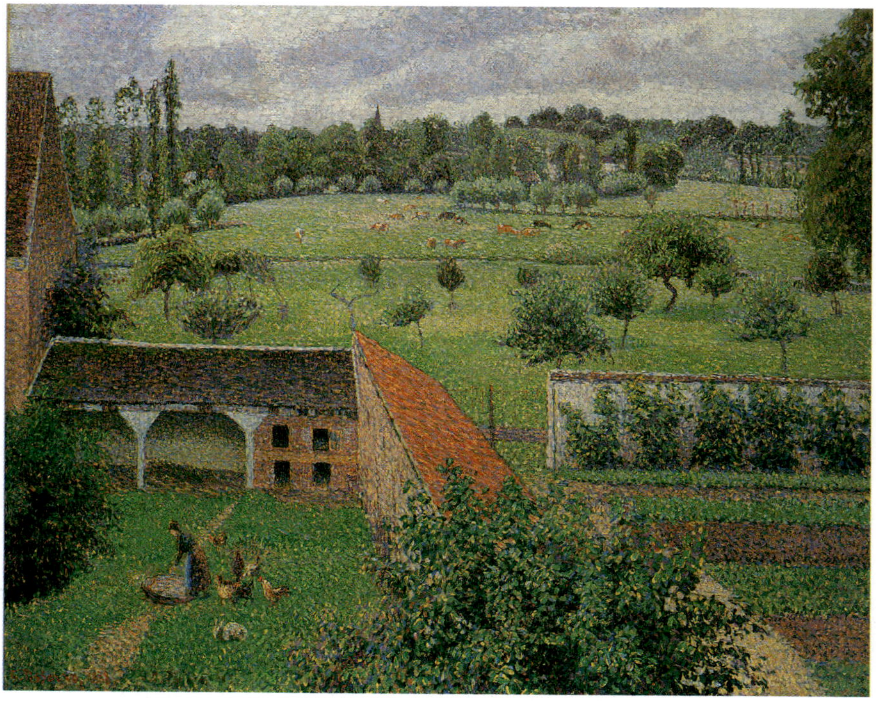

21
Camille Pissarro
Vista da minha janela, Eragny, 1886-88
Óleo sobre tela
65 x 81
The Ashmolean Museum, Oxford

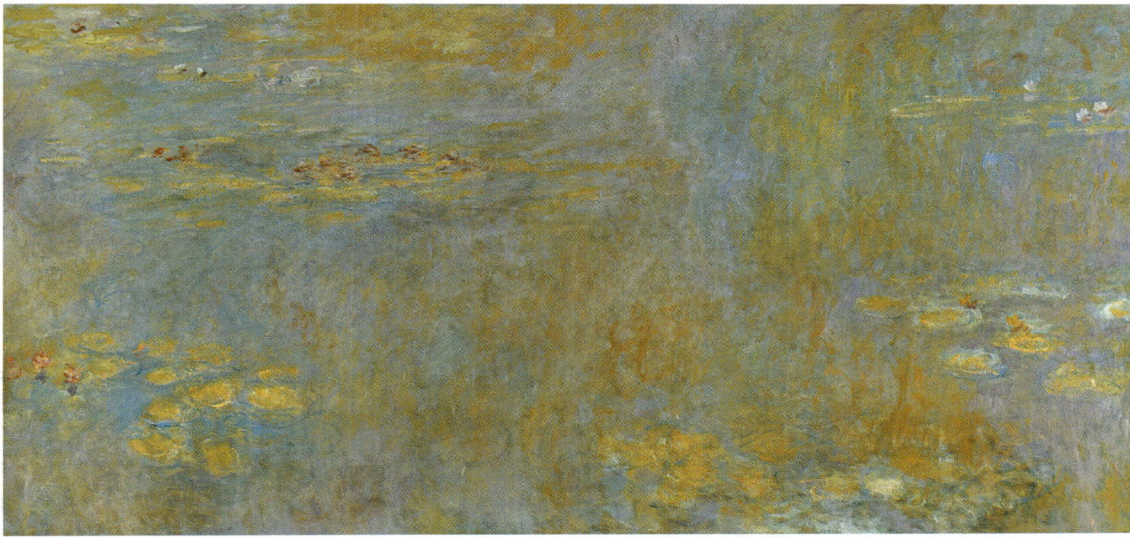

Num nível rasteiro, mede-se o realismo de uma obra de arte comparando-se sua aparência à aparência do mundo, para ver o quão acuradamente elas se correspondem. Mas tornou-se inevitavelmente claro na arte de Gustave Courbet, entre o final da década de 1840 e o começo da de 60, que não pode haver nenhuma avaliação da verdade das aparências sem algum tipo de consideração do que pode – e de quem pode – fazer parte do campo de visão em questão. Para aqueles que respondiam positivamente à obra de Courbet, o realismo não podia mais ser concebido como a consecução de quadros que eram cópias verdadeiras no sentido em que se poderia dizer que uma fotografia o fosse. (Na verdade, poder-se-ia argumentar que foi, em parte, a crescente eficiência e economia na produção da semelhança pela fotografia o que impeliu os pintores a repensar a busca do realismo em termos dos *meios* de representação.) O que parecia reclamar-se agora era uma indagação a respeito de a quem pertencia a noção de "verdade", a que a luta com as aparências supostamente servia. Na pintura, a evidência dessa indagação se fazia presente por meio de uma série de justaposições implícitas do tipo que vimos em funcionamento na comparação entre *Mulher com leques* e o retrato de *Mademoiselle de Lancey*; justaposições em que o significado pode ser extraído não apenas de um dado conjunto de aparências, mas dos meios de sua constituição. O realismo de uma obra, portanto, é uma função crítica relativa, que opera sobre a imaginação do espectador com referência a algum tipo de quadro comparável. O efeito da obra realista é refletir a luz pouco lisonjeira de seu próprio ceticismo sobre este outro quadro, exista ele de fato ou apenas na mente sob a forma de um estereótipo. O espectador, projetado num estado de autoconsciência crítica sob essas condições, se vê como que remetido de volta a alguma porção relevante do mundo e solicitado a olhar – e a pensar – novamente.

A implicação de uma aspiração realista assim entendida é que ela só pode ser satisfeita quando essa forma de referência é estabelecida com sucesso, ou seja, quando duas formas de representação, uma relacionada criticamente à outra, estão conectadas entre si e a algum ponto de referência e origem no mundo.

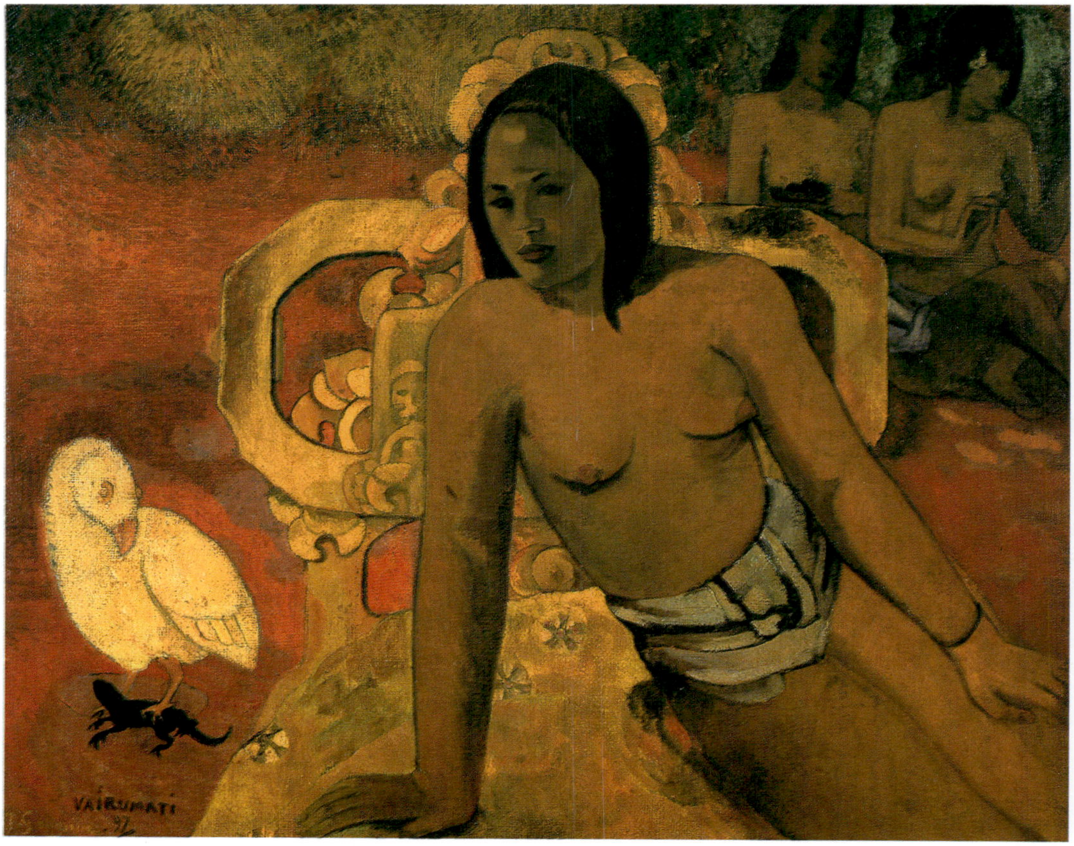

Dito de outro modo, a possibilidade de realismo parece exigir, em primeiro lugar, que *algo* esteja aí para ser retratado, e, em segundo, que a *maneira* como esse algo é concebido e retratado seja reveladora de atitudes e compromissos sociais. De acordo com esse ponto de vista, se uma forma de arte modernista tiver pretensão a ser realista, deve manter algum tipo de relação crítica com as formas típicas da modernidade.

Historiadores sociais da arte observaram, contudo, que muito do desenvolvimento técnico na pintura modernista, dos anos 1880 em diante, se relaciona a motivos que são não apenas distintos dos locais e ocasiões da modernidade, mas categoricamente separados deles. É como se o modernismo tivesse se retirado da representação da vida social moderna, deixando facções conservadoras no comando absoluto do campo. Durante a parte final do século XIX e o começo do XX, paisagens povoadas, cenas de gênero contemporâneas e representações de ocasiões sociais, tanto públicas como privadas, continuaram a proliferar de forma conservadora no Salão francês e na Royal Academy, na Inglaterra. Por outro lado, um apanhado da pintura moderna francesa durante o mesmo período poderia ser usado para fortalecer a conclusão de que um interesse na vividez dos efeitos decorativos – e particularmente dos efeitos de cores – estava sendo perseguido cada vez mais em detrimento do comprometimento com os aspectos públicos e sociais da vida contemporânea.

Tal apanhado talvez pudesse ser parcial, mas se estenderia a algumas das principais figuras no desenvolvimento da arte modernista. Assim, poder-se-ia observar que a "natureza" que fornece temas para a pintura de Monet é aparentemente concebida sob um aspecto imutável; ou melhor, poderíamos dizer que, até onde a mudança é representada na pintura de Monet, ela é concebida como natural e cíclica *em lugar de* social e histórica. Poder-se-ia notar a respeito de Paul Gauguin que ele abandona, durante os anos 1880 e 1890, o cenário da "vida moderna" de sua obra impressionista anterior em favor dos mundos supostamente "primitivos" da Bretanha rural e, em seguida, dos mares do Sul. Enquanto isso, a tendência de sua obra foi se tornar mais poderosamente decorativa em seu efeito, à medida que formas simplificadas e modeladas com mais nitidez se combinavam com grandes áreas de cor saturada (fig. 23). Na virada do século XIX, Pierre Bonnard (fig. 24) e Edouard Vuillard (fig. 25) podem ser vistos retornando brevemente ao cenário urbano e doméstico da vida social. No entanto, suas pinturas mais atraentes são aquelas em que os aspectos públicos dessa vida parecem ter sido apagados – ou em que são dados por certos, deixando assim de ser visíveis e passíveis de exame. A riqueza visual das telas pode ainda comprovar que seus efeitos são baseados na verdade da sensação, mas esta não é mais uma sensação necessariamente independente do mundo burguês e de seus valores. Ao contrário, a riqueza e auto-suficiência da superfície decorativa surgem como garantias de que intimidade e privacidade prazerosas podem ser descobertas no interior daquele mundo. Até mesmo no âmago do lar burguês – ou talvez sobretudo lá, esses quadros parecem dizer – é possível desviar o olhar do espetáculo da vida social e da modernidade. E que ponto mais apropriado para encerrar este breve resumo do que o quarto de hotel de Henri Matisse em Nice por volta de 1920, à distância suficiente do centro metropolitano da atividade da vanguarda, onde uma modelo após

23
Paul Gauguin
Vairaumati 1897
Óleo sobre tela
73 x 94
Musée d'Orsay, Paris

24 *abaixo, à esquerda*
Pierre Bonnard
O lavatório 1908
Óleo sobre tela
52,4 x 45,5
Musée d'Orsay, Paris

25 *abaixo, à direita*
Edouard Vuillard
A sala de estar c. 1910
Óleo sobre cartão
posto sobre tela
61,5 x 68
The Henry Moore Foundation

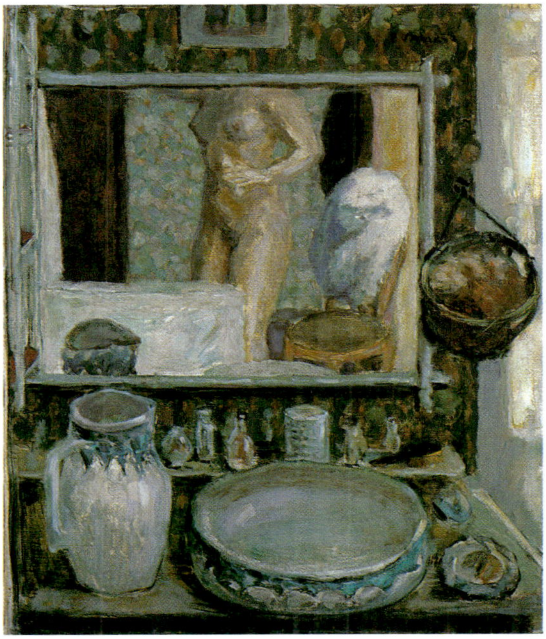

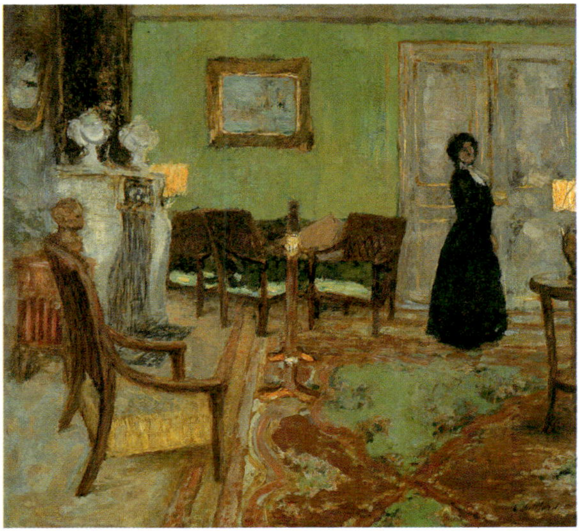

outra é aprisionada em seu papel no esquema decorativo modernista – aquela prisão sensual em que a essa altura o mundo de cor e forma parece ter-se transformado (fig. 26)?

Essa descrição é expressa de propósito em termos que são potencialmente depreciativos para as prioridades da crítica Modernista e, como disse, é baseada numa recapitulação seletiva da evidência. Seria bastante fácil encontrar exceções: obras de artistas não conservadores em que as preocupações tradicionais do realismo ainda são perseguidas com energia. Mas, à primeira vista, algumas das exceções mais evidentes parecem comprovar a regra de que os interesses do modernismo e do realismo tendem a divergir após 1880. Georges Seurat, em especial, buscou, da metade para o fim da década de 1880, representar cenas da vida social moderna em telas cujas superfícies são mais do que tudo opticamente vívidas (fig. 27). Seja lá o que mais essas obras façam ou deixem de fazer, elas se dirigem com determinação a um problema técnico que perseguiu o desenvolvimento da pintura moderna dos começos do impressionismo, no final da década de 1860, até a maturação do expressionismo abstrato, no final da de 1940: como manter um alto grau de detalhe figurativo junto a uma ampla escala cromática e a um alto grau de saturação de cor? O que significa dizer: como conservar formas "realistas" de conteúdo pictórico sem recorrer a um *chiaroscuro* convencional? A tendência da pintura altamente figurativa *e* colorida é ser indigesta ou incoerente em termos visuais. (Não há falha que marque com tanta

26 *abaixo*
Henri Matisse
Odalisca de saia-calça vermelha 1921
Óleo sobre tela
65 x 90
Musée National d'Art Moderne, Centre Georges Pompidou, Paris

27 *à direita*
Georges Seurat
Tarde de domingo na ilha da Grande Jatte 1884-86
Óleo sobre tela
207 x 308
The Art Institute of Chicago.
Helen Birch Bartlett Memorial Collection

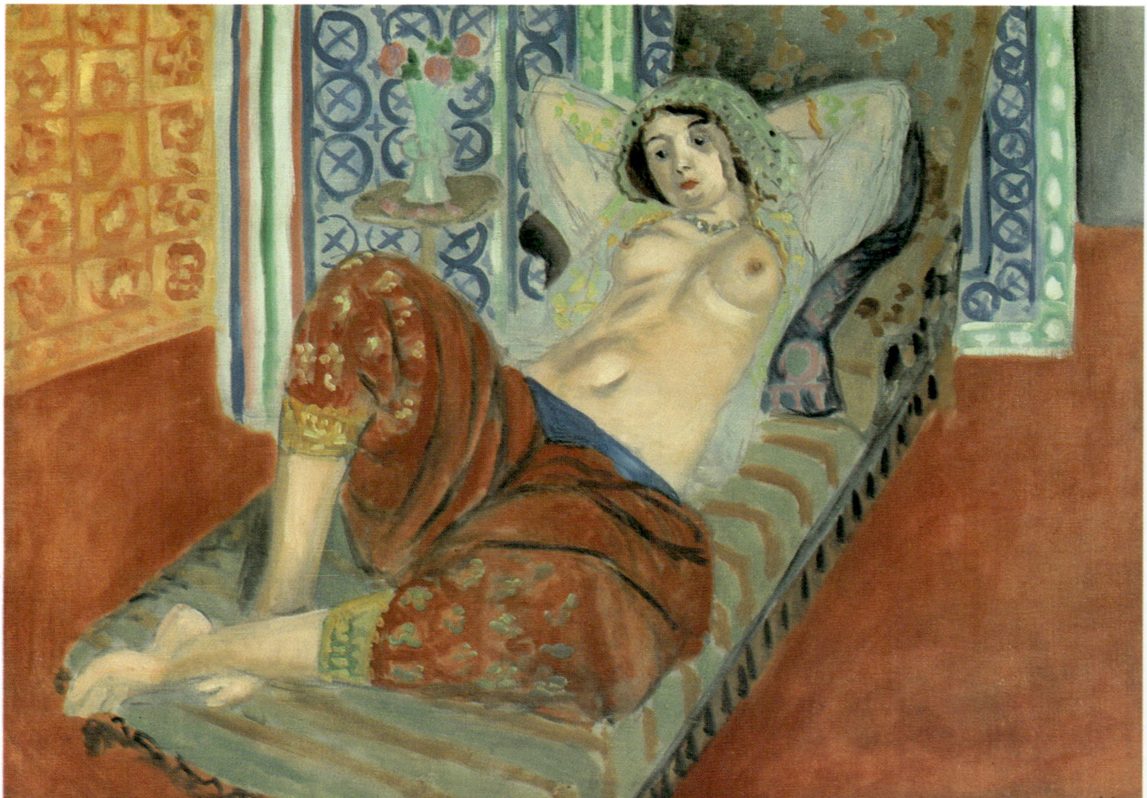

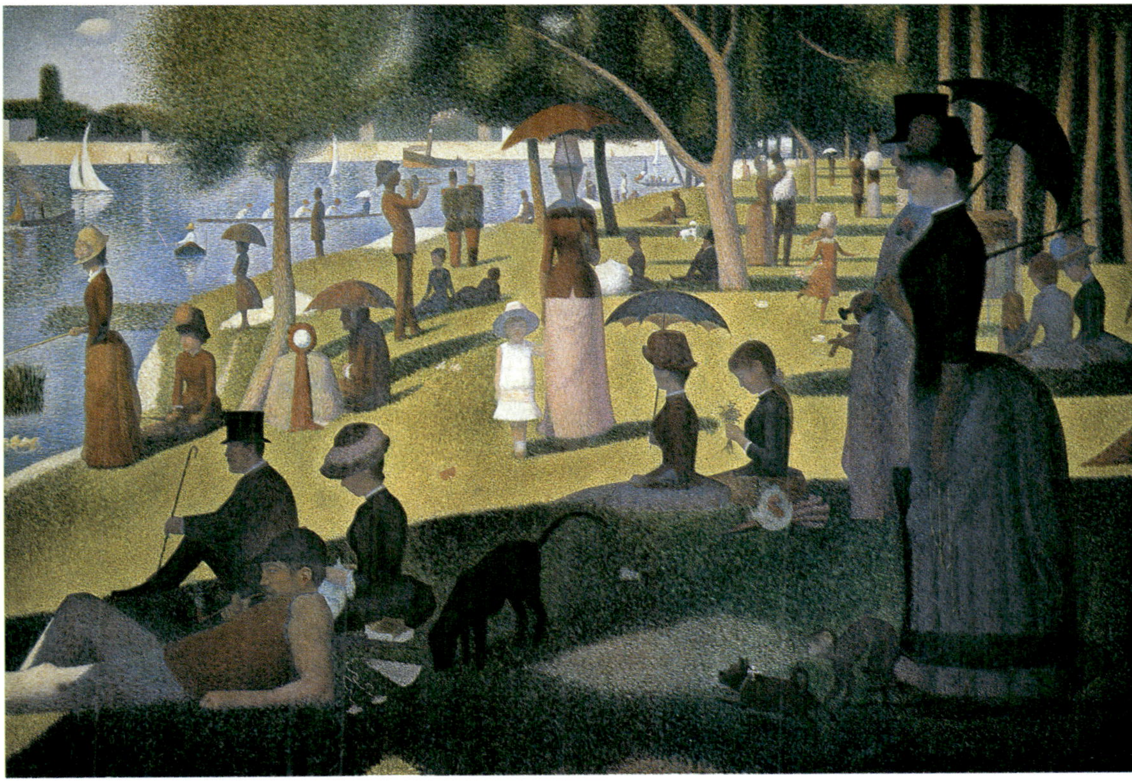

consistência a obra em busca de atenção do semiprofissional.) A solução de Seurat foi instigada por uma teoria. Ele distribuía a cor numa proporção coerente por toda a tela por meio de pinceladas pequenas e de igual tamanho. Quanto mais consistentemente seu sistema "neo-impressionista" ou "divisionista" era aplicado, tanto mais marcada era a formalização – ou até mesmo a petrificação – de suas figuras. Se a evidência de uma tal obra puder ser tomada como conclusiva, tudo leva a crer que os interesses técnicos do modernismo possam de fato se reconciliar com as aparências da vida social, mas só até onde é permitido a um ou outro ser inumano. As pinturas mais imediatamente atraentes de Seurat são paisagens, ou melhor, vistas ao longo das margens do mar e da costa, onde a ausência de animação humana passa despercebida, e onde o senso de quietude gerado pela técnica constante parece apropriado e altamente expressivo (fig. 28).

O exemplo de Seurat foi, porém, muito seguido – pelo Pissarro maduro, entre outros, como revela o seu *Vista da minha janela* (fig. 21). O interesse na eliminação do *chiaroscuro* e na manutenção de uma ampla escala cromática continuou a ser um fator dinâmico no impulsionamento da mudança na pintura de vanguarda durante a virada do século. Expondo juntos como neo-realistas, na Inglaterra, em 1914, Charles Ginner e Harold Gilman (fig. 29) procuraram interpretar típicos temas realistas com uma escala cromática marcadamente "moderna", e se voltaram em parte para Seurat na busca por uma solução dos problemas resultantes. No entanto, como eles e outros logo descobriram, a persistência de uma certa vitalidade na pintura figurativa exigia que as cores pudessem se reunir em áreas mais amplas, ou que a mão segurando o pincel estivesse livre para se mover a velocidades mais variáveis e em direções mais variadas do que um divisionismo estrito podia permitir, ou ambas as coisas. Feitas as contas, o interesse na análise e distribuição da cor provou ser mais fértil onde as teorias relevantes eram aplicadas com mais informalidade, como era o caso, por exemplo, da obra extremamente colorida e de pinceladas soltas produzida por Matisse, André Derain e seus associados *fauve*, entre 1904 e 1906 (fig. 30). Parece que estamos outra vez às voltas com uma forma de arte que nada reivindica tão intensamente à nossa atenção quanto o seu caráter sensacional, ou seja, a vividez e originalidade de seus efeitos. Mas, a partir de agora, esses efeitos parecem ser concebidos como decorativos *em lugar de* realistas.

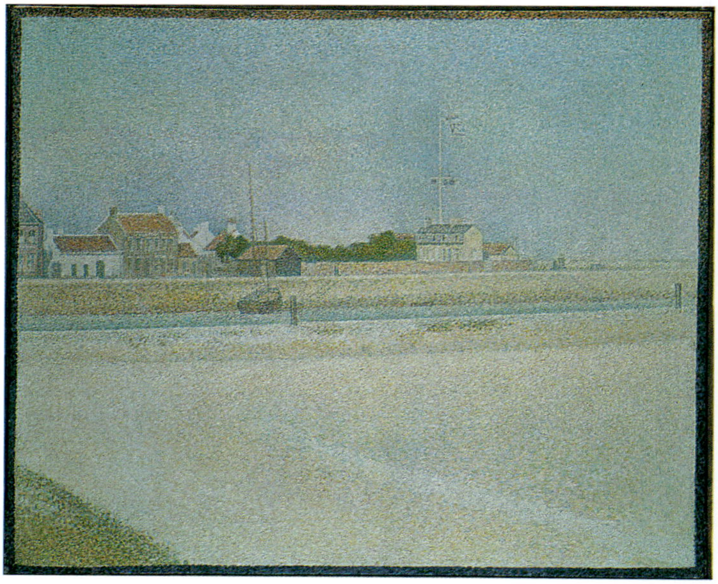

No próximo capítulo, tenciono perseguir as implicações dessa separação aparente entre os interesses do modernismo e do realismo. Faço isso para que possamos vir a compreender por que, ao longo do século XX, modernismo e realismo foram geralmente considerados antitéticos. Contudo, pretendo mostrar que tal antítese é, por fim, enganosa. Assim, no devido tempo retornarei a algumas das obras examinadas nesta seção e sugerirei como é possível considerá-las em termos menos depreciativos.

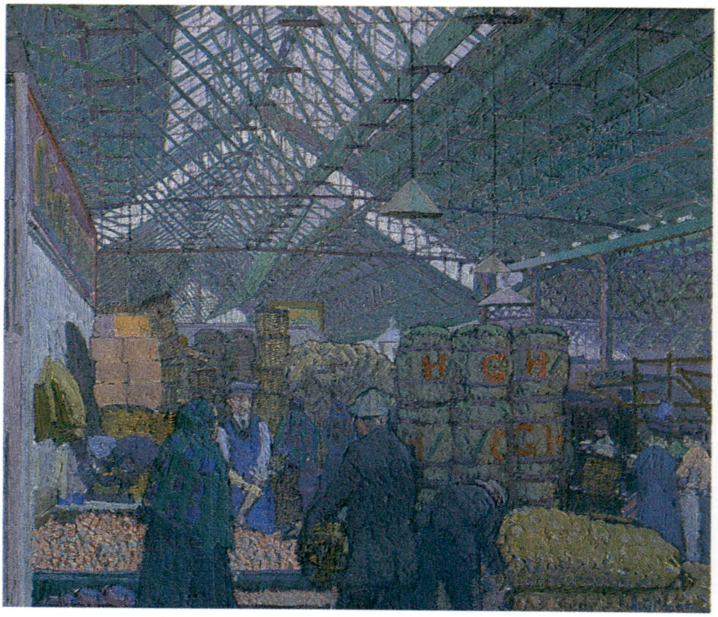

28 *à esquerda*
Georges Seurat

O canal de Gravelines, Grand Fort-Philippe
c. 1890

Óleo sobre tela
65 x 81
National Gallery,
Londres

29 *abaixo, à esquerda*
Harold Gilman

Mercado de Leeds
c. 1914

Óleo sobre tela
50,8 x 61
Tate Gallery,
Londres

30 *à direita*
Henri Matisse

André Derain 1905

Óleo sobre tela
39,4 x 28,9
Tate Gallery,
Londres

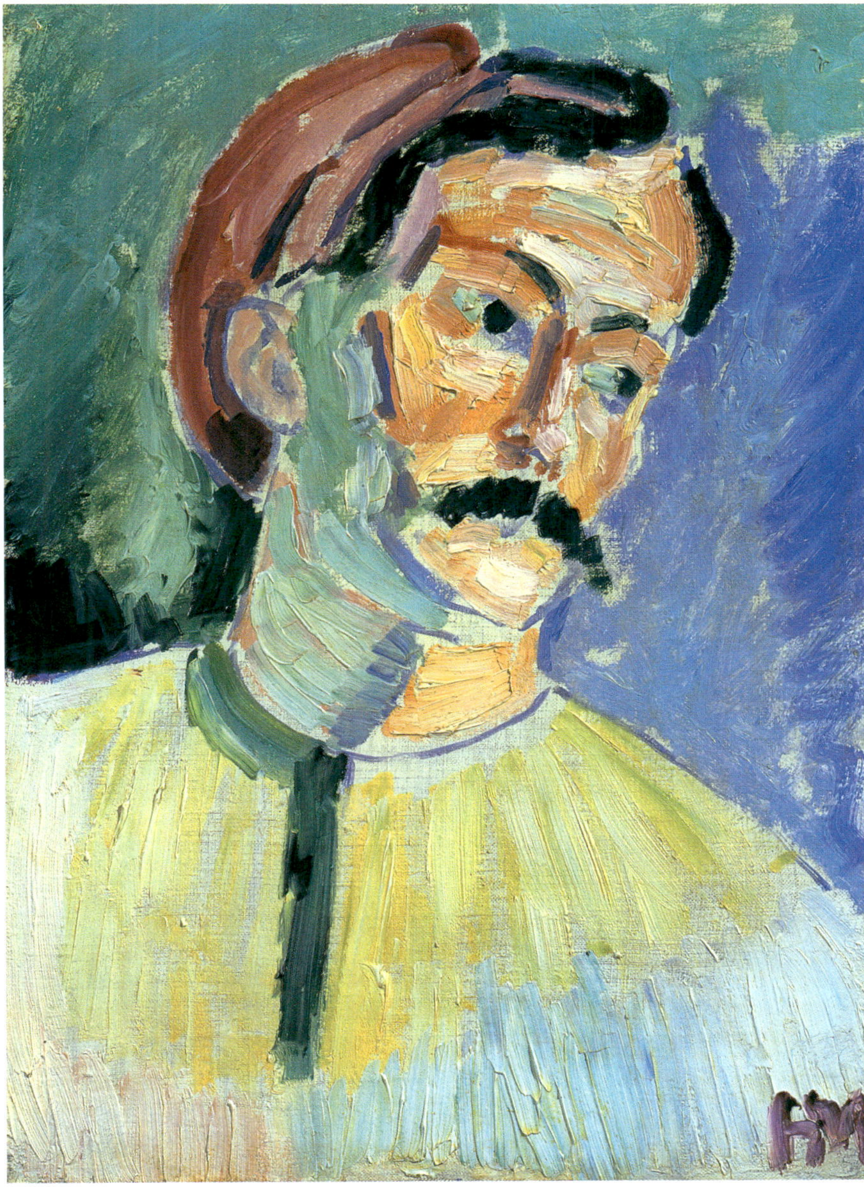

5

Formas Significativas

Como observei, a descrição dada na conclusão do capítulo anterior foi expressa em termos alheios à empresa da crítica Modernista. Minha intenção era indicar os possíveis terrenos de uma controvérsia vigente sobre a interpretação e a avaliação do desenvolvimento moderno. A questão que temos de trazer à baila neste ponto é a da natureza da relação entre esse desenvolvimento e a tradição crítica Modernista pela qual ele foi representado. Nossa compreensão retrospectiva da tendência modernista na arte foi inevitavelmente formada, em larga dose, pelos esforços de seus defensores mais eficazes. Mas a própria eficácia de sua defesa levou a um certo questionamento dos juízos pelos quais foi motivada e, assim, a uma reconsideração de grande parte da arte em questão. Neste e nos capítulos seguintes, portanto, pretendo rever o desenvolvimento da arte no século XX com relação às principais prioridades da crítica e da teoria Modernistas. Na ocasião devida, considerarei também algumas objeções que foram levantadas à descrição Modernista da arte.

Aquilo que consideramos a tradição crítica Modernista tem suas raízes no trabalho dos escritores franceses do século XIX que defenderam a obra de Manet e dos impressionistas, tendo sido desenvolvida por adeptos do movimento simbolista dos anos 1890. Mas muito do trabalho subseqüente de caracterização de uma tendência modernista foi feito por críticos ingleses e norte-americanos, no período que vai da virada do século à década de 60. Notáveis entre eles foram Clive Bell, Roger Fry e Clement Greenberg. Seus escritos deram uma expressão especificamente "Modernista" ao pensamento moderno sobre a arte. A crítica Modernista foi, sob vários aspectos, bastante instrutiva. Como toda crítica, porém, está sujeita a reexame.

No final dos séculos XVIII e XIX, muitos dos maiores autores que escreveram sobre arte eram "historiadores críticos", para quem os processos de retrospecção e discriminação eram para todos os efeitos inseparáveis. Na maior parte do século XX, todavia, o crítico e o historiador da arte tenderam a trabalhar de acordo com conjuntos distintos de prioridades. Até onde os historiadores se ocuparam da arte do presente, eles tenderam quase sempre a vê-la com ceticismo, comparando suas pretensões com práticas e valores diversos do passado. Para os críticos, ao contrário, era a resposta à arte do presente que tendia a motivar qualquer compreensão retrospectiva. Até onde esses críticos fizeram apanhados históricos, estes eram abertamente narrativas parciais visando a apoiar juízos de agora. "Não sou um historiador da arte ou do que quer que seja", escreveu Clive Bell, em 1914. "Pouco me importa quando as coisas foram feitas, ou por que foram feitas; importa-me o seu significado emocional para nós" (Bell 1914, pp. 99-100).

O livro de que se extraiu a citação foi publicado em 1914 sob o título simples mas ambicioso de *Art*. Manter-se-ia em catálogo pelas três décadas seguintes e teve uma reedição revista em 1949. Se há uma publicação capaz de representar o caráter ideológico da crítica Modernista de primeira hora, é esse livro. Seus traços notáveis incluem a reivindicação da prioridade absoluta do valor estético por parte de Bell; sua depreciação das tradições neoclássica e renascentista e sua preferência por estilos e períodos da arte normalmente considerados "primitivos"; seus juízos sem rodeios a respeito de artistas e obras de arte individuais, e sua tendência a fazer desses juízos as bases para vastas generalizações históricas – sob o pretexto de que "a história da arte deve ser um indicador da história espiritual da raça" (ibidem, p. 97). Acima de tudo, o livro serviu para alardear a crença de Bell na propriedade única comum a todas as obras de arte visual, que ele chamou de "forma significativa" (ibidem, p. 11).

O suposto significado da "forma significativa" reside em sua função como um meio de provocar emoção no espectador. A "significação emocional" a que Bell se refere é o senso de valor associado à resposta à obra de arte. Como ele a concebe, essa resposta é evocada não primeiramente por aquilo que é representado numa dada obra, mas pela maneira como essa representação é feita. O termo "forma" não pretende, pois, referir-se ao assunto pintado, mas à composição e ao estilo da obra de arte em si – aqueles tipos de fatores, em outras palavras, que tornam o efeito de *Mulher com leques*, de Manet (fig. 16), tão diferente do efeito, sob outros aspectos bastante similar, de *Mademoiselle de Lancey*, de Carolus Duran (fig. 17). Um modo de chamar a atenção para a diferença de efeito nesse caso poderia ser notar a relativa auto-suficiência ou autonomia da pintura de Manet; perceber como é feito um uso efetivo muito maior de sua superfície e como se deposita muito menos confiança num certo tipo de cópia "fotográfica" do mundo. Assim, para Bell e outros defensores de primeira hora da arte moderna, parecia de importância crucial não só observar as divergências da arte moderna em relação aos estilos tradicionais, mas também sublinhar a independência da obra moderna àquelas características do mundo natural que serviam convencionalmente de medida para a avaliação de tais estilos. Já em 1890, o pintor e teórico Maurice Denis tinha asseverado que o conteúdo emocional da arte "salta da própria tela, da superfície plana coberta de cores, sem que haja nenhuma necessidade de interpor a recordação de uma sensação outra, anterior (tal como a do motivo natural utilizado)". O significado da forma significativa, ao que parecia, deveria ser avaliado em termos da auto-suficiência conquistada pela obra de arte. Em 1909, o companheiro de Bell, Roger Fry, concluiu seu "An essay in aesthetics" com as seguintes palavras:

> Devemos, pois, descartar de uma vez por todas a idéia de semelhança com a natureza, da correção ou incorreção como critério, e somente nos perguntar se os elementos emocionais inerentes à forma natural são revelados adequadamente quando, de fato, a idéia emocional depender de alguma maneira da semelhança, ou da inteireza da representação (Fry 1909, em Harrison e Wood 1992, p. 86).

Os defensores da arte moderna responderam, portanto, à exigência tradicional de exatidão na descrição, apontando para a auto-suficiência do traçado formal da obra moderna. No que lhes dizia respeito, a medida dessa auto-suficiência podia ser encontrada na força de suas próprias emoções impressionáveis. Concebiam essa emoção como estética – o que para eles significava relevante para a experiência da arte *como arte* –, na medida em que era *distinta* daquilo que Bell chamava "emoções da vida". Estas eram emoções que a obra ilustrativa ou descritiva podia provocar, mas somente à custa de sua independência e integridade estética. Bem mais tarde, em 1967, Clement Greenberg distinguia em termos semelhantes o tema que uma determinada obra de arte ilustrava de seu efeito estético. E sublinhava que era neste, e não naquele, que o conteúdo e inclusive a qualidade da arte deveriam ser buscados. "Sabe-se que uma obra de arte possui conteúdo em razão de seus efeitos. A denotação mais direta de efeito é 'qualidade'" (Greenberg 1967, em Greenberg IV 1993, p. 269). A implicação é que tanto o conteúdo como a qualidade de uma determinada obra de arte visual são, em larga medida, independentes de seu tema. Responder ao tema de uma obra não é uma base adequada para o julgamento *estético*, já que não é uma resposta adequada a sua qualidade.

Há muito a ser dito em favor dos pontos de vista assim representados. É sem dúvida indiscutível que certos tipos específicos de efeitos formais estão em jogo na arte moderna, que os efeitos em questão são significativamente independentes da aparência das coisas no mundo, e que responder de alguma forma a esses efeitos é uma condição necessária para se entender a arte – isto é, para entendê-la *como arte*. Todas as outras coisas sendo iguais, chamar uma pessoa de feia e outra de atraente é expressar uma preferência pela última. Vistas as coisas sob a mesma luz, ninguém em seu juízo perfeito seria capaz de preferir uma vida de pobreza excruciante a uma vida de alegria exuberante. Seríamos, porém, capazes de reconhecer que o retrato de uma pessoa feia pintado com distinção poderia ser preferível ao retrato de uma pessoa atraente pintado de maneira convencional, o retrato da pobreza extrema preferível ao retrato da alegria extasiante, e ao reconhecermos isso estaríamos admitindo a independência relativa da arte e dos valores estéticos. Como afirma Bell, "no espectador, a tendência a procurar, atrás da forma, as emoções da vida é sempre sinal de uma sensibilidade deficiente. Significa que suas emoções estéticas são fracas" (Bell 1914, pp. 28-9).

De Fry a Greenberg, os escritores que sublinharam a necessidade de separar as respostas estéticas dos desejos e apetites comuns, e das considerações sociais ou utilitárias, apontavam para seu público a direção que estavam convencidos ser a certa. Tentavam levá-lo a ver a arte *como arte* e, por conseguinte, como distinta do mundo de que tiravam os seus temas. No entanto, devemos nos lembrar que, enquanto essa crítica tem antecedentes na teoria estética do final do século XVIII, ela se desenvolveu no período moderno a partir do tipo de circunstância que observamos na relação entre o quadro de Manet e o de Carolus Duran; nela, os efeitos de formas diversas de pintura podiam ser perfeitamente associados a modos diversos de experimentar as condições sociais e psicológicas da vida moderna. O que havia acontecido? Como a experiência dos efeitos estéticos se havia desvencilhado da noção de um mundo representado?

Há duas maneiras de responder a essa questão. A primeira envolveria nossa percepção da tendência da crítica Modernista a tornar autônomos os efeitos da arte e a tratá-los como auto-suficientes e, ao mesmo tempo, auto-evidentes. Como Bell escreveu: "Àqueles que são capazes de ouvir, a arte fala por si própria [...] Para apreciar a arte de um homem, não preciso saber absolutamente nada sobre o artista" (ibidem, p. 98). Tomando tais afirmações como representativas, poderíamos dizer que é na própria obra de crítica que a resposta aos efeitos é valorizada como dimensão autônoma das condições sob as quais as obras em questão foram produzidas. Escritores de convicção idêntica à de Bell poderiam estar defendendo uma tendência discernível na arte em questão – uma tendência a acentuar os aspectos expressivos da arte visual e a reduzir, em comparação, a ênfase tradicionalmente posta nas habilidades descritiva e narrativa. Mas é uma limitação da crítica Modernista o fato de esses processos práticos de acentuação e redução não serem considerados como formas possíveis de resposta a uma cultura e a um mundo social mais vastos. Por exemplo, a evolução descrita em "Modernist painting", de Greenberg, talvez de fato não exclua a suposição de que Manet e outros escolheram pintar de um modo que enfatizasse as superfícies literais de suas pinturas, assim transformando a relação entre o tema e o espectador. Na verdade, o que Greenberg nos diz em seu ensaio é que a *pintura* "se orientava para a aplanação" – como se os processos artísticos fossem de algum modo independentes das experiências e ações dos que produzem arte. E podemos, com razão, nos perguntar se é de fato verdade que uma crescente "orientação para a planaridade" é o que reúne as obras representativas da arte moderna. Não poderia ser o caso de os críticos Modernistas estarem construindo teorias apenas para justificar suas próprias preferências pelo relativamente plano e formal em detrimento do ilusionista e ilustrativo?

Cinco anos após a publicação de "Modernist painting", Michael Fried, o seguidor de Greenberg, resenhou a posição Modernista em termos que rejeitavam claramente tais sugestões.

> *Grosso modo*, a história da pintura desde Manet, passando pelo cubismo sintético e por Matisse, pode ser caracterizada em termos do afastamento gradual, por parte da pintura, da tarefa de representar a realidade – ou, por parte da realidade, do poder da pintura de representá-la – em favor de uma preocupação cada vez maior com problemas inerentes à própria pintura. Pode-se deplorar o fato de que críticos como Fry e Greenberg tenham concentrado sua ação nas características formais das obras que discutem; mas os pintores cujas obras eles mais estimam por razões formais – por exemplo, Manet, os impressionistas, Seurat, Cézanne, Picasso, Braque, Léger, Mondrian, Kandinsky, Miró – estão

entre os melhores pintores dos últimos cem anos. [Fried 1965, em Harrison e Wood 1992, p. 770]

A descrição de Fried sugere, assim, um segundo tipo de explicação para o desligamento aparente, por parte dos efeitos e juízos estéticos, da experiência do mundo social. O que ele está argumentando aqui é que, na verdade, as prioridades da crítica Modernista *não* foram impostas ao desenvolvimento da arte como uma forma de limitar a relevância de considerações realistas. Elas foram, isto sim, *exigidas* por esse desenvolvimento, ou seja, foram exigidas pelo "esquivamento da realidade ao poder da pintura de representá-la" – um processo presumivelmente inexorável, acima da capacidade de controle tanto de artistas como de críticos. Conseqüentemente, a concentração nas características formais por parte da crítica Modernista é ela própria realista, no sentido de que serve para reconhecer o que por acaso foram as prioridades no desenvolvimento da própria arte moderna.

A defesa, por parte de Fried, dos interesses da crítica Modernista foi escrita, em 1965, como prefácio a uma exposição da obra recente de três pintores abstratos: Kenneth Noland, Jules Olitski e Frank Stella. Tal como a representou, a natureza da obra em questão era para ser entendida em termos "da tendência da arte ambiciosa a se tornar mais e mais preocupada com problemas e questões inerentes à própria arte" (ibidem, p. 771). Se tomarmos, pois, essa descrição em seus próprios termos, veremos a crítica Modernista não como uma forma específica de interpretação da tendência moderna na arte, mas como uma forma de articulação da própria empresa modernista. De fato, Fried concluía que "a crítica que compartilha as premissas básicas da pintura modernista se vê compelida a desempenhar um papel em seu desenvolvimento bastante semelhante e só um pouco menos importante que o das próprias pinturas novas" (ibidem, pp. 773-74). Essa conclusão serve para lembrar-nos que a crítica e a produção de arte podem nem sempre ser atividades totalmente distintas. O artista, afinal de contas, se põe diante da obra emergente como o seu primeiro escrutinador, e os conceitos e premissas em que esse escrutínio se baseia serão compartilhados em maior ou menor grau por outras partes interessadas, tais como críticos solidários.

Seja qual for a forma de explicação que favoreçamos, parece que uma tradição consistente da crítica Modernista acompanhou e serviu para subscrever o tipo de explicação que esbocei no capítulo anterior – segundo o qual o desenvolvimento da arte moderna surge como um abandono progressivo do compromisso com o realismo. Se devemos acreditar no crítico Modernista, esse abandono foi uma condição necessária para a realização estética. Como já indiquei, voltaremos no devido momento à questão do suposto divórcio entre o modernismo e o realismo. Nos capítulos seguintes, porém, pretendo investigar mais a fundo a ligação entre a arte modernista e a crítica que a acompanha, e continuar a descrição da evolução da arte moderna século XX adentro a partir das linhas que uma crítica Modernista proporia.

6

O Primitivo e o Puro

À época em que Fry e Bell escreviam, o status de Manet estava garantido. Foi sobretudo por suas tentativas de explicar e de defender as virtudes da obra de Cézanne que se afirmou o teor da sua crítica. Para Fry, Cézanne era "o gênio magnífico e original [...] que de fato deu início a esse movimento" (Fry 1910, em Harrison e Wood 1992, p. 41). Para Bell, ele era "o Cristóvão Colombo de um novo continente da forma", alguém que, "até onde se pode dizer que um único homem é capaz de inspirar toda uma época [...], inspira o movimento contemporâneo" (Bell 1914, pp. 207, 199). As principais objeções levantadas contra a obra de Cézanne por seus vários detratores eram de que ela era "incompetente", no sentido de ser incapaz de copiar acuradamente a aparência do mundo, e de que lhe faltava conteúdo. Seus defensores respondiam a tais objeções alegando, a respeito do movimento moderno como um todo, que nele, no dizer de Fry, "os elementos decorativos prevalecem em detrimento dos representativos" (Fry 1910, p. 40). Ou seja, em vez de defenderem Cézanne das críticas – chamando atenção, por exemplo, para a intensidade extraordinária de sua transcrição de efeitos naturalistas (fig. 31) –, eles as rejeitaram como irrelevantes e *não modernas*, sublinhando o vigor formal e a integridade decorativa das composições do pintor e redefinindo o conteúdo em termos de efeito emocional. Após duas grandes mostras que Fry inaugurou em Londres em 1910 e 1912, o movimento que Cézanne supostamente inspirou passou a ser conhecido na Inglaterra como "pós-impressionismo". O nome pretendia designar um movimento especificamente artístico. Não seria, porém, exagerado dizer que, para Bell, Fry e seus companheiros, a forma do "significado emocional" associada à obra de Cézanne era o valor definidor da vida moderna tal como a concebiam.

Embora o "pós-impressionismo" tenha sido uma formulação especificamente inglesa, a partir de cerca de 1905 até o início da guerra em 1914, o interesse na idéia de um movimento moderno serviu para distinguir comunidades de artistas e intelectuais de vanguarda por toda a Europa e os Estados Unidos. Em cada uma delas o moderno estava associado a formas de distanciamento dos estilos clássicos e naturalistas, com a rejeição de formas literárias e anedóticas de um determinado tema e com um interesse nos estilos "primitivos", tais como os supostamente exemplificados na escultura tribal ou pré-clássica, ou na arte italiana pré-renascentista. Na maioria delas, a obra de Cézanne tinha importância central, com suas pinturas de banhistas exercendo um fascínio particular e bastante difundido. Das numerosas obras de arte em que esses temas tipicamente modernistas aparecem reunidos, a mais notória é *Les demoiselles d'Avignon*, de Picasso (fig. 32). Ao relacionar essa obra intensa e perturbadora com a obra de Cézanne, dois pontos se tornam claros de imediato. O primeiro é que Picasso respondeu às fortes qualidades plásticas das figuras de Cézanne acentuando aqueles aspectos das suas próprias que eram lidos como "primitivos", em detrimento, inevitavelmente, de seu naturalismo. O segundo é que respondeu à densidade extraordinária das últimas pinturas figurativas de Cézanne, reduzindo ainda mais em sua obra o espaço entre o plano da tela e o fundo, a ponto de suas *Demoiselles* ameaçarem explodir a superfície literal da tela e invadir o mundo do espectador. A conseqüência desses desenvolvimentos foi, é claro, aumentar ainda mais o fosso entre as experiências moderna e tradicional da arte. Na primeira década do século XX, a diferença de efeito que o modernismo representava se havia tornado inequívoca. A arte modernista estava começando a se assemelhar ao produto de uma cultura de todo distinta – uma cultura que de fato parecia intencionalmente primitiva.

Proclamado a partir da metade da década de 1880, tanto por artistas como

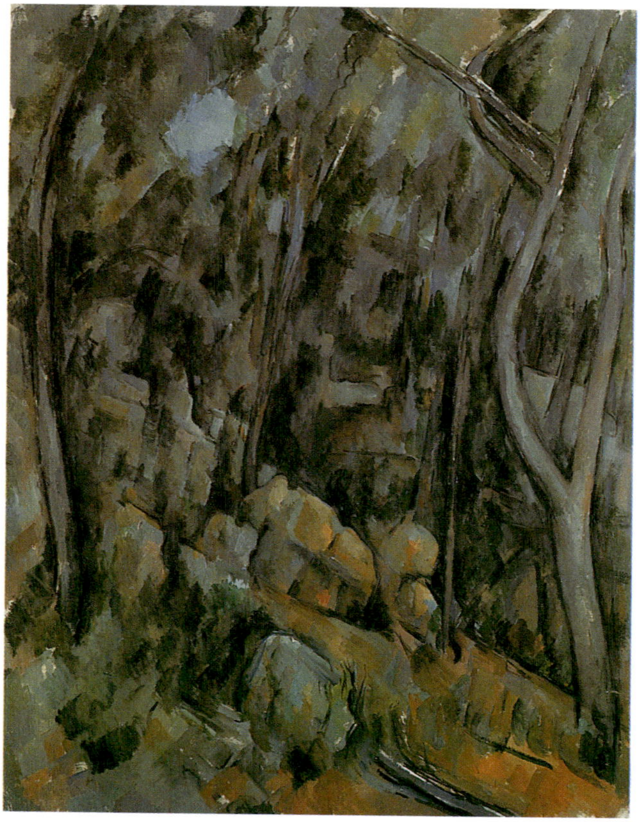

31
Paul Cézanne

No parque de Château Noir c. 1900

Óleo sobre tela
90,7 x 71,4
National Gallery, Londres

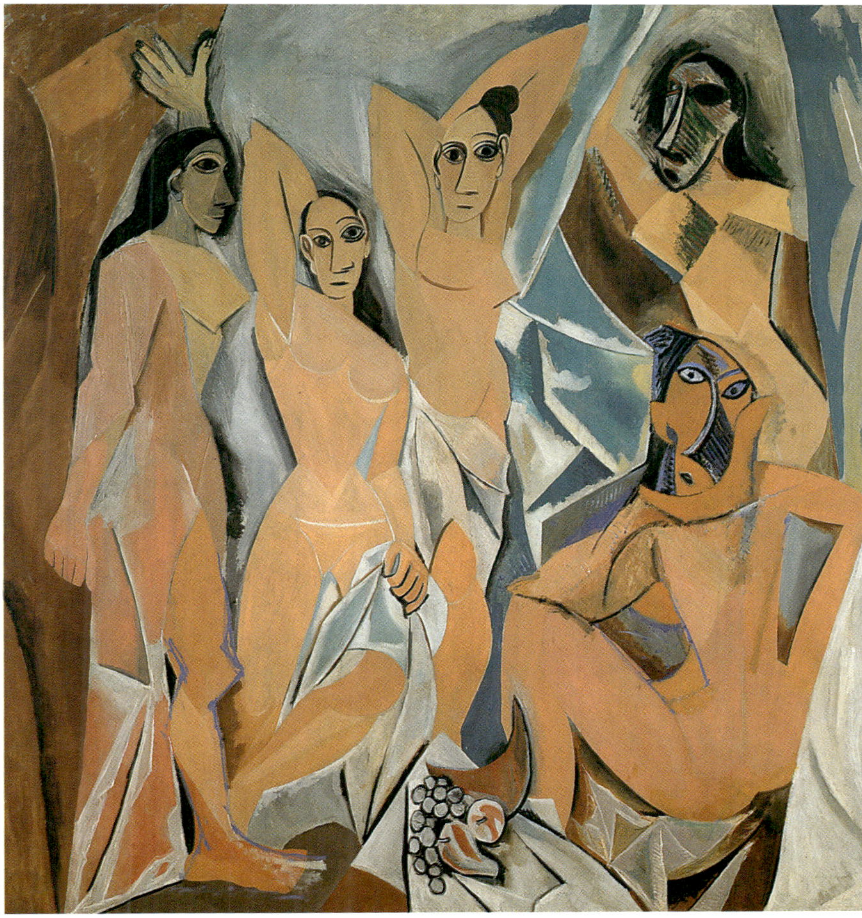

32
Pablo Picasso
Les demoiselles d'Avignon 1907
Óleo sobre tela
243,9 x 233,7
The Museum of Modern Art, Nova York.
Adquirido por meio do Lillie P. Bliss Bequest

por críticos que lhes eram simpáticos, o sentimento de se ter uma causa comum nas produções das primeiras civilizações, das culturas tribais e das crianças foi um aspecto da crítica modernista, que respondia à cultura do mundo moderno e, em particular, à sua crescente comercialização. Na segunda década do século XX, a proposta de "recomeçar do começo" tinha se tornado uma divisa comum às várias vanguardas européias. Foi também adotada como justificação implícita para formas de obras que eram tão variadas quanto as formas locais de cultura burguesa das quais diversos agrupamentos de vanguarda marcavam sua distância, seja em Moscou, Munique, Londres ou Zurique. A proposta de fazer tábula rasa do passado e recomeçar do começo da arte pode ser vista como uma forma radical de modernismo. Ao problema da relação da arte moderna com o passado e suas tradições, oferecia-se uma solução drástica: a ruptura. A rejeição, por parte dos radicais, da tradição clássica, somada a sua consciência do parentesco com a arte dos primitivos, envolvia uma espécie de fuga da tradição e da história, pois, tal como a concebiam, a arte dos primitivos não possuía nenhuma das duas. Poderíamos dizer, mais precisamente, que a idéia de uma ruptura nítida envolvia uma visão utópica do futuro, a um só tempo baseada numa percepção crítica do presente e justificada por um ideal de potencial humano, para o qual a arte supostamente pura e expressiva dos primitivos fornecia padrões trans-históricos.

Se juntarmos a essa visão a crença tipicamente modernista na auto-suficiência da forma artística, podemos ter alguma idéia das condições práticas e intelectuais sob as quais uma arte abstrata veio a parecer possível e, para alguns, inelutável. É significativo que as primeiras tentativas de arte abstrata tenham sido acompanhadas, de um lado, de críticas à decadência e ao materialismo da cultura burguesa e, de outro, de reivindicações a respeito da unidade "espiritual" das formas artísticas através de todas as idades e culturas. À época em que perseguia sua própria arte expressionista até o limite da abstração (fig. 33), o artista russo Wassily Kandinsky escreveu sobre "nossos sentimentos interiores a respeito dos primitivos [...] Tal como nós, aqueles artistas queriam captar em suas obras a essência interior das coisas, o que por si só levou à rejeição do exterior, do acidental" (Kandinsky 1911, em Harrison e Wood 1992, p. 87).

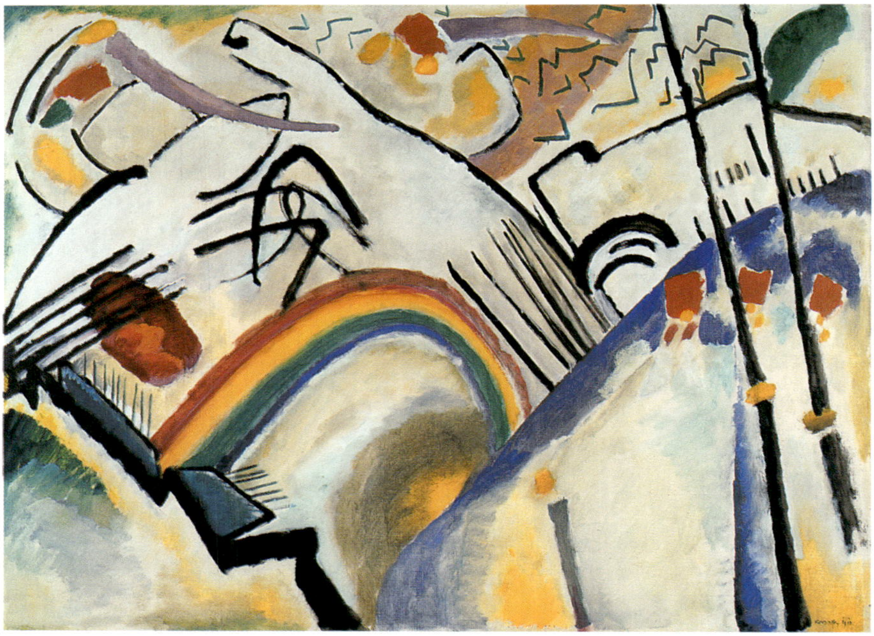

33
Wassily Kandinsky
Cossacos 1910-11
Óleo sobre tela
94,6 x 130,2
Tate Gallery, Londres

34 *à direita*
Piet Mondrian
Árvore c. 1913
Óleo sobre tela
100,3 x 67,3
Tate Gallery, Londres

35 *mais à direita*
Piet Mondrian
Composição com cinza, vermelho, amarelo e azul 1920-c. 1926
Óleo sobre tela
99,7 x 100,3
Tate Gallery, Londres

Embora não fosse por si só evidentemente utópico, o estilo cubista que Picasso e Braque desenvolveram, entre 1907 e 1914, pode ser relacionado com clareza às prioridades de uma teoria Modernista em progresso, tais como elas se firmavam à época. Parecia apoiar com força a idéia de que a atividade na superfície da pintura era ditada menos pela aparência efetiva do mundo exterior que por fatores internos à pintura e aos procedimentos de composição. E parecia, assim, sugerir que o fator decisivo para fins de crítica e avaliação não era o caráter da relação da tela com o mundo representado, mas sim a coerência e integridade relativas da superfície pintada. Nem Picasso nem Braque jamais fizeram uma pintura abstrata, mas, para muitos artistas expostos ao exemplo do cubismo, sua obra serviu como evidência conclusiva da possibilidade, e até da necessidade, de uma arte abstrata e, ao mesmo tempo, como um meio de transição prática para estilos totalmente não figurativos. Nas palavras de Kasimir Malevich, um dos principais pioneiros da arte abstrata (fig. 8), "em nossa época de cubismo, o artista destruiu os objetos juntamente com o seu significado, essência e propósito [...] Os objetos desapareceram como fumaça, em prol da nova cultura da arte" (Malevich 1916, em Harrison e Wood 1992, p. 174). Na obra do artista holandês Piet Mondrian, essa transição do cubismo para o abstracionismo pode ser acompanhada em obras sucessivas em que temas específicos – árvores, fachadas de igrejas, paisagens de dunas – são perseguidos desde origens naturalistas, passando por formas cubistas de análise (fig. 34), até serem aparentemente subsumidos sob os princípios harmônicos gerais de configurações abstratas (fig. 35). Mondrian descreveu as últimas como formas de "pura plasticidade".

Para os artistas mais jovens, emergindo na prática independente durante a segunda e a terceira décadas do século XX, os meios para se identificar com o

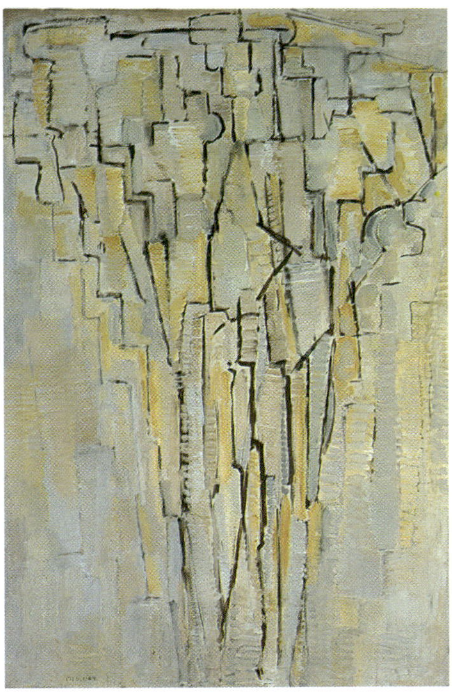

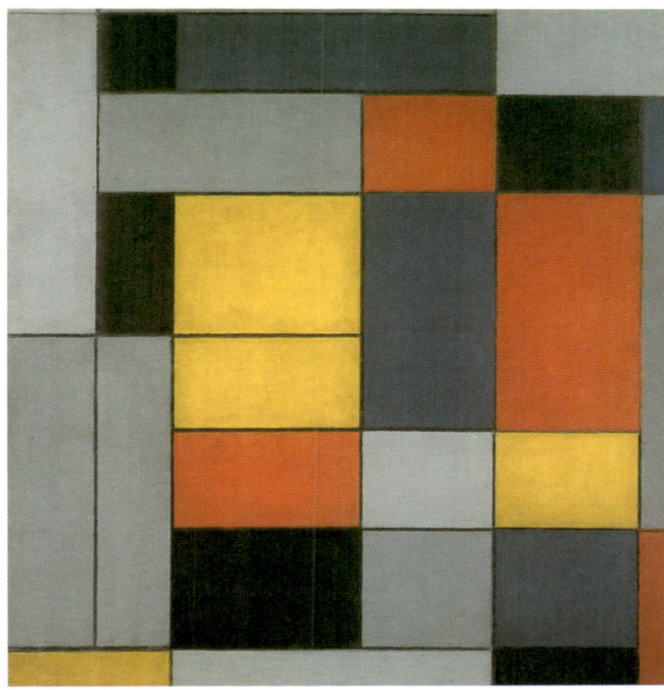

moderno na arte devem ter parecido claramente prescritos. No começo dos anos 20, havia uma literatura substancial de crítica e teoria modernistas à qual se referir, e nessa literatura havia diretrizes claras não apenas a respeito das formas relevantes de prática recente e corrente, mas também a respeito dos tipos de precedentes que eram ou não compatíveis com uma disposição modernista. No final da vida, o escultor inglês Henry Moore forneceu algumas observações esclarecedoras sobre o seu próprio progresso no início dos anos 20, quando absorvia aqueles precedentes, modernos e "primitivos", com base nos quais seu próprio estilo desenvolver-se-ia até um ponto de quase-abstração, durante os anos 30 (fig. 36).

> Durante um certo período, pensei que os gregos e o Renascimento fossem os inimigos, e que era preciso jogar tudo fora e recomeçar do início da arte primitiva. [Moore 1960, em James 1966, pp. 47-8]

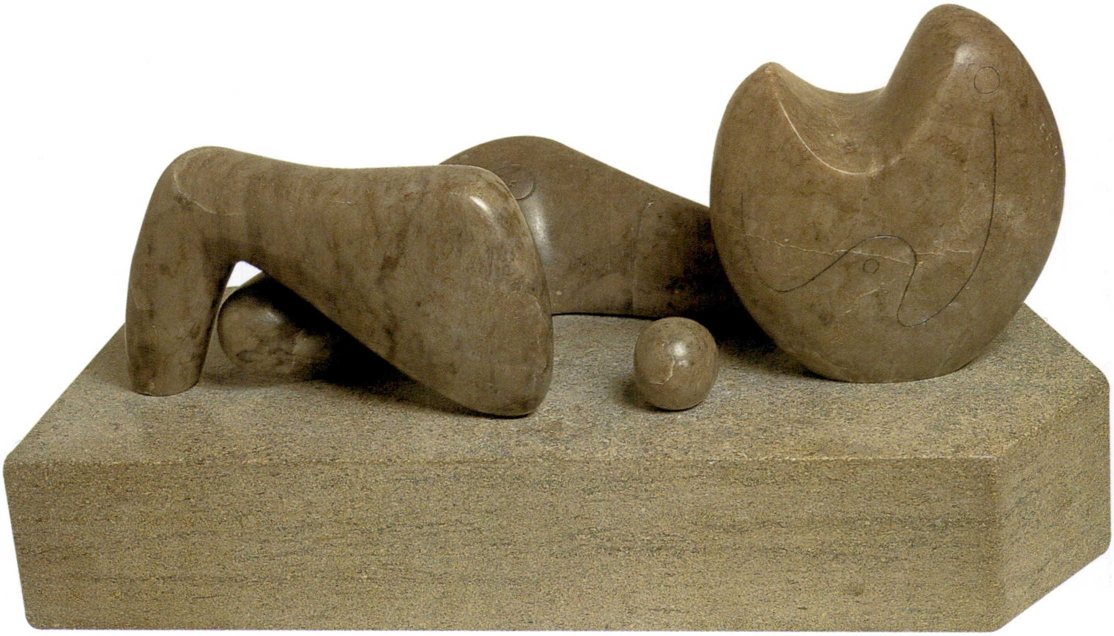

e

> Uma vez lido Roger Fry, tudo estava lá. Eu ia ao British Museum [...] e via o que queria ver. [Moore 1961, em James 1966, p. 33]

O mesmo processo de absorção e amálgama pode ser notado na obra inicial de outro artista inglês, o pintor Ben Nicholson. Em sua paisagem *Cortivallo, Lugano* (fig. 37), o tema é interpretado com referência às paisagens de Cézanne, mas possui também um aspecto autoconscientemente simplificado, que reflete o gosto do artista pelas chamadas formas "primitivas" de fazer pintura. E, no centro, um plano vermelho e outro branco são justapostos de modo a sugerir que uma virtude estética característica pode ser encontrada em "puros" efeitos ópticos.

Como sugere a citação de Kandinsky, o interesse pelo conceito de uma arte "pura" foi um fator importante no desenvolvimento de formas de abstração. Tal como propôs o artista Robert Delaunay, num texto de 1912, a pureza em questão era uma "pureza de meios" (Delaunay, em Harrison e Wood 1992, p. 153). No interior do arcabouço da teoria Modernista, a busca da pureza requeria que fossem removidas da arte todas as técnicas que tivessem previamente servido para estabelecer conexões com temas literários ou para evocar um mundo de objetos para além do objeto de arte em si. "Nosso mundo da arte se tornou novo, não objetivo, puro", Malevitch escreveu em 1916 (Harrison e Wood 1992, p. 174). A integridade decorativa da obra de arte moderna passava agora a ser vista como uma forma de *design* ilustrativo – isto é, ilustrativo dos valores de uma vida "mais pura" e melhor. Durante os anos 20 e 30, artistas, arquitetos e *designers* de convicções puristas se viram assim fazendo do planejamento estético de um mundo melhor uma causa comum. Na prática efetiva da arte, porém, o interesse pela pureza significava caminhar numa linha fina entre o refinamento e

36
Henry Moore
Four-piece composition: reclining figure [Composição em quatro pedaços: figura reclinada] 1934
Alabastro de Cumberland
175 x 45,7 x 20,3
Tate Gallery, Londres

37
Ben Nicholson
Cortivallo, Lugano c. 1923
Óleo e lápis sobre tela
45,7 x 61
Tate Gallery, Londres

a esterilidade. Na metade da década de 30, Ben Nicholson e a escultora Barbara Hepworth produziram um conjunto de obras abstratas que desafiava a crítica, na medida em que tornava essa distinção a um só tempo crucial e difícil de explicar (figs. 38, 39). Hepworth escreveu que arte abstrata como a deles era "uma maneira inconsciente de expressar nossa crença numa vida possível. A linguagem da cor e da forma", afirmou ela, "é universal e não dirigida a uma classe especial [...] é um pensamento que dá a mesma vida, a mesma expansão, a mesma liberdade universal para todos. O artista se rebela contra o mundo como ele o encontra porque sua sensibilidade lhe revela a visão de um mundo que seria possível" (Hepworth, em Martin, Nicholson e Gabo 1937, p. 116).

Na verdade, obras como estas representam o ponto de chegada virtual do desenvolvimento modernista sob seu aspecto purista. A visão de uma liberdade possível para todos se sustentara, de um lado, pela confiança na virtude absoluta de uma cultura liberal, e, de outro, por uma crença no futuro da revolução socialista, que era ela própria alimentada por uma mistura de boatos e fantasias a respeito das condições na União Soviética. No final da década de 30, a visão já se tornara praticamente insustentável. Mondrian, entre outros, manteve a fé, "apesar da desordem mundial", no que ele chamava "a utilidade da pura arte abstrata" (Mondrian, em Martin, Nicholson e Gabo 1937, pp. 46, 54). Mas para a grande maioria dos artistas que ainda tinham estilos individuais a firmar nos anos 30, deve ter parecido que uma arte modernista despida de toda

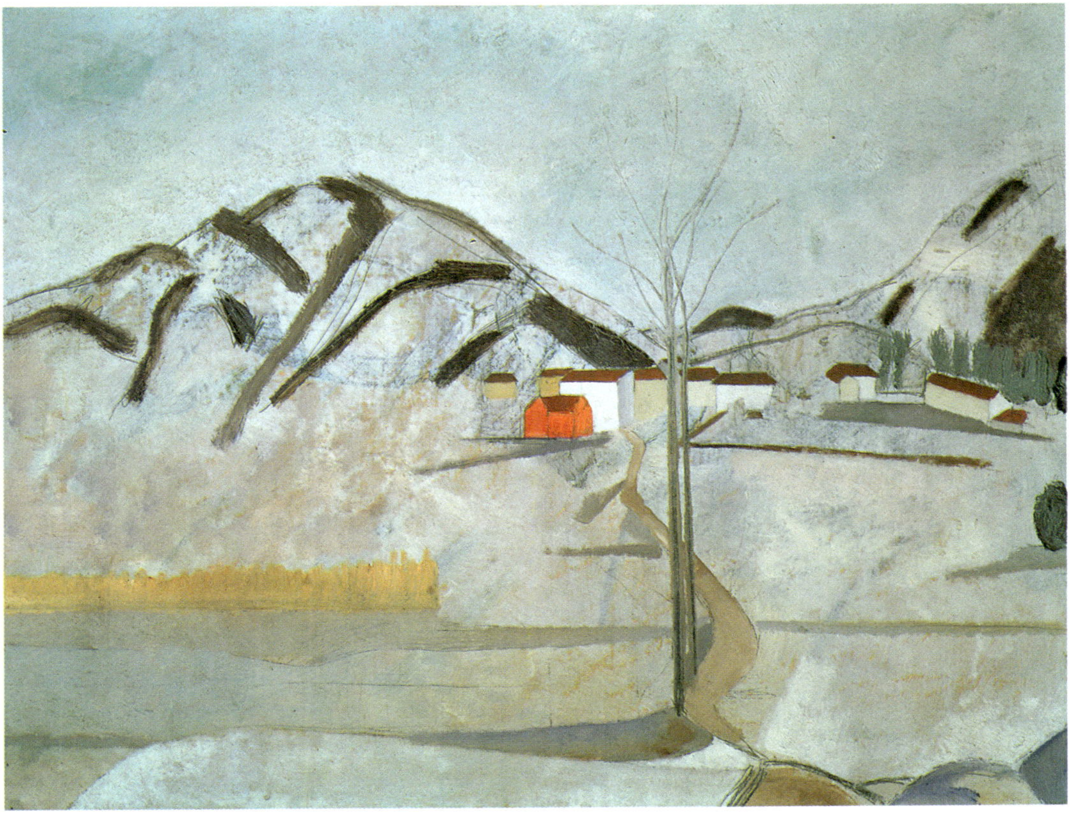

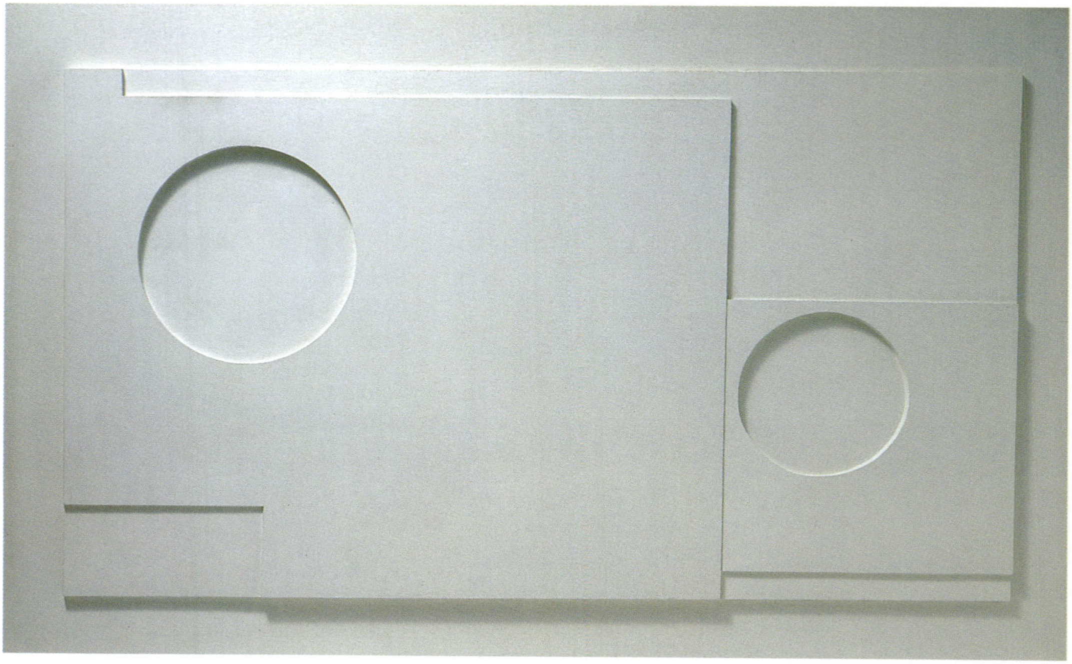

possibilidade de poder retórico provavelmente continuaria agora, no mínimo, a passar despercebida. Não nos deveria causar surpresa o fato de que, nessa mesma época, tenham visto um ressurgimento considerável do interesse nos estilos realistas, tanto por parte da direita política, oposta como era à cultura modernista sob todas as suas formas, como daqueles da esquerda política, que viam as defesas Modernistas da autonomia da arte como expressões do elitismo burguês.

38
Ben Nicholson
1935 (relevo branco)
1935
Madeira pintada
101,6 x 166,4
Tate Gallery,
Londres

39
Barbara Hepworth
Três formas 1934
Alabastro
25,7 x 47 x 21,6
Tate Gallery,
Londres

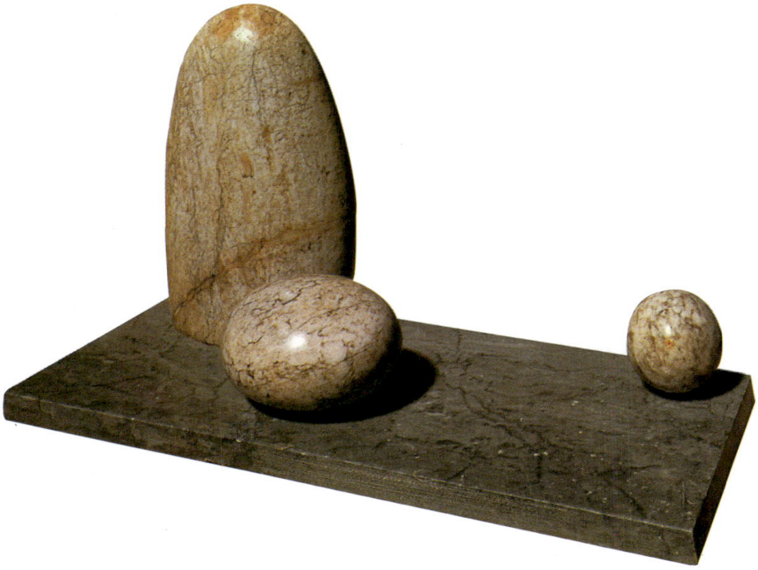

7

Uma Maneira Bidimensional

A abstração purista nunca foi senão uma das várias tendências que tinham no cubismo um antecedente comum. Os movimentos dadá e surrealista também buscavam no cubismo sanção para alguns desenvolvimentos técnicos. Porém, em contraste direto com aqueles que viam no cubismo um encorajamento para expurgar o mundo exterior das superfícies da arte, os dadaístas e os surrealistas levaram adiante o precedente da colagem cubista, utilizando novas formas de montagem. O resultado foi perturbar o decoro do "puramente visual" com materiais e referências figurativas importadas da cultura mais vasta do mundo moderno. Na sua maior parte, os artistas envolvidos nesses movimentos foram depreciados ou ignorados pelos críticos Modernistas, com base nas premissas previsíveis de que a independência formal de suas obras estava comprometida pela reintrodução de temas "literários" e pela busca de efeitos que eram políticos ou tópicos em lugar de estéticos. Greenberg rejeitou o surrealismo, para ele um "academicismo rejuvenescido" (Greenberg 1948, p. 214). Mas, na verdade, entre os pintores admitidos no cânone Modernista de Fried (ver p. 43), existem dois, Picasso e Miró, cuja obra dos anos 20 e 30 foi a um só tempo central para o movimento surrealista e – como o próprio Greenberg reconheceu – indiretamente instrumental no desenvolvimento de uma pintura modernista nova e perfeitamente canônica nos Estados Unidos da década de 40. A figura crucial nesse desenvolvimento posterior foi Jackson Pollock. A forma de avaliação outorgada à obra de Pollock também é central para uma versão especificamente americana da teoria crítica Modernista. A articulação dessa teoria foi um projeto iniciado por Greenberg no final da década de 30. A circulação em escala maior da obra de Greenberg, no entanto, só se deu na verdade na década de 50 e início da de 60, quando passou a ser associada ao poder estético evidente daquilo que ele chamou de "pintura à americana", hoje mais comumente denominado expressionismo abstrato. Além de Pollock, incluíam-se Willem de Kooning, Clyfford Still, Mark Rothko (fig. 40) e Barnett Newman (fig. 50).

Escrevendo no começo da Segunda Guerra Mundial, antes de qualquer um desses pintores ter desenvolvido um estilo individual, e antes de tomar conhecimento da sua obra, Greenberg tinha recapitulado e revisto a tradição crítica Modernista, dando conta dos desenvolvimentos recentes tanto na arte como no mundo político e cultural mais vasto. Durante o final da década de 30 e a de 40, a maioria dos outros defensores da arte moderna continuaram a associar o seu desenvolvimento a formas de transformação espiritual e social que ela já então não havia, de fato e de necessidade, conseguido levar a cabo (estando muito além dos poderes da arte realizar tais transformações unilateralmente). Cabe a Greenberg o crédito de ter, por sua vez, tentado confrontar as implicações desse fracasso. Em sua compreensão revista da cultura modernista, não havia probabilidade de unificação da arte e do *design*; ao contrário, via o reconhecimento da virtude na arte como dependente de "uma distinção razoavelmente constante entre os valores passíveis de ser encontrados apenas na arte e aqueles passíveis de ser encontrados alhures". Escrevendo à época dos

40
Mark Rothko
Black on maroon
[Preto sobre marrom]
1958
Óleo sobre tela
266,7 x 365,8
Tate Gallery, Londres

41
Hans Hofmann
Nulli secundus 1964
Óleo sobre tela
213,6 x 131,8
Tate Gallery, Londres

ditadores, ele a um só tempo desconfiava bastante das formas populares de realismo e estava convencido de que não poderia haver algo como uma cultura modernista universal e universalmente aceita. Em consonância com isso, perseguia uma forma de crítica que excluía sistematicamente qualquer pretensão a respeito do propósito, valor ou eficácia da arte que não levasse em conta as limitações do poder e representatividade do meio. Desse modo, num momento em que as ambições globais dos puristas europeus haviam se mostrado irreais e tinham sido contaminadas com a suspeita de totalitarismo, Greenberg descreveu a abstração purista como uma fase histórica específica no desenvolvimento dos meios artísticos – uma fase significativa não da expansão potencial da arte, mas do seu refreamento efetivo no interior da sociedade burguesa moderna. "As artes [...] foram empurradas de volta a seus meios, e lá foram isoladas, concentradas e definidas [...] O imperativo vem da história, da época em conjunção com um momento particular alcançado numa tradição particular da arte" (Greenberg 1940, em Greenberg I 1986, pp. 32, 37).

A compreensão que Greenberg tinha da tradição moderna era em grande parte ditada por sua resposta ao cubismo e à arte abstrata européia que dele emergiu. Escrevendo após o final da guerra, em 1948, ele descreveu o cubismo como "aquele que continua a ser o único estilo vital do nosso tempo, o mais apropriado a comunicar o sentimento contemporâneo e o único capaz de sustentar uma tradição cuja sobrevivência estender-se-á ao futuro e formará novos artistas" (Greenberg 1948, em Greenberg II 1986, p. 213). Contudo, ele percebia naquele momento um declínio nos artistas da "geração cubista" original, mais notadamente Picasso, e se sentia estimulado pela produção nova de Pollock e outros norte-americanos, a ponto de especular que "as principais premissas da arte ocidental tinham finalmente migrado para os Estados Unidos, junto com o centro de gravidade da produção industrial e do poder político" (ibidem, p. 215). A visão que Greenberg tinha do cubismo foi em parte formada pelos ensinamentos do pintor Hans Hofmann, cuja longa carreira o levou de Munique, passando por Paris, à Nova York dos anos 30, e que defendia um "efeito tridimensional" na pintura que, no entanto, preservasse a "bidimensionalidade essencial da superfície da tela" (Hofmann 1932, em Harrison e Wood 1992, p. 356). De acordo com o modo como Greenberg concebia o estilo maduro do cubismo, havia, em particular, dois aspectos relevantes para a arte do presente, um frutífero, o outro potencialmente limitativo. De um lado, o cubismo havia mostrado o caminho para a forma de efeito espacial mais "puramente óptica", que seria desenvolvida por inteiro na obra de Hofmann dos anos 50 e 60: a criação da ilusão de profundidade não por meio da modelação de formas em espaços fictícios, e sim da simples localização e justaposição de diferentes planos de cor (fig. 41). Por outro lado, o regime de superfícies planas e decorativas, empregado pela primeira vez na colagem cubista, impôs uma espécie de geometria consistente e restritiva em toda a arte abstrata subseqüente. A própria obra de Picasso se manteve a um só tempo figurativa e "impuramente" expressiva, e os indivíduos interagindo que povoam suas telas ainda mantêm uma poderosa carga emocional, apesar de estarem agora recortados no interior de espaços composicionais restringidos. Obras como *As três dançarinas*, de 1925 (fig. 42), são animadas pela tensão entre sua formalidade decorativa, de um lado, e sua referência a um mundo autobiográfico, de outro. Mas, por volta da metade dos anos 30, o espaço pouco profundo e semelhante a uma caixa do cubismo tardio parecia ter se tornado ele próprio uma convenção inibidora. Assim, segundo Greenberg, o problema colocado nos anos 40 aos pintores da "primeira geração" norte-americana era "como afrouxar a ilusão um tanto estrita de profundidade rasa na qual

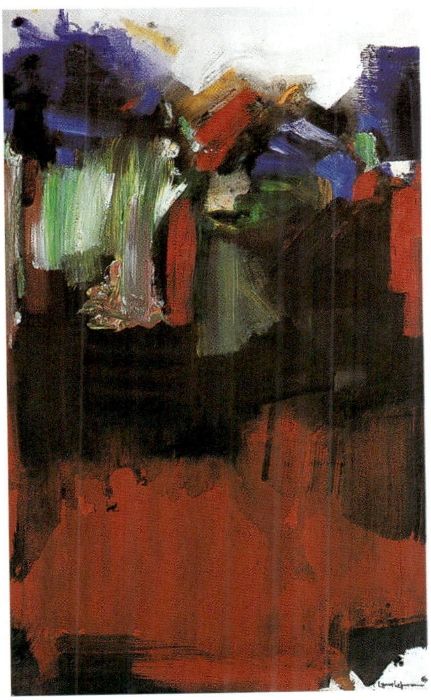

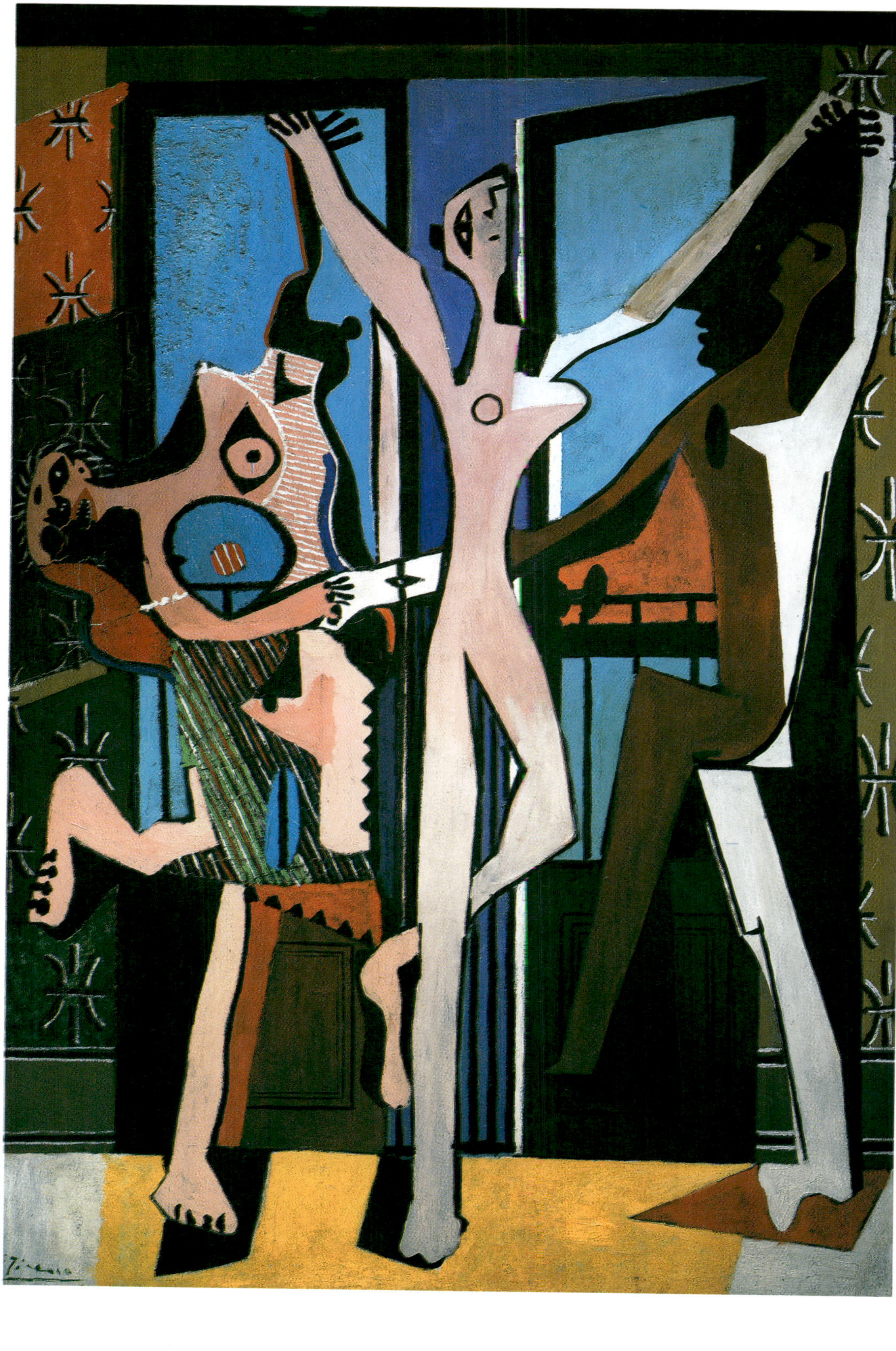

[Picasso] vinha trabalhando, em suas telas mais ambiciosas, desde o momento em que encerrara seu período cubista 'sintético'" (Greenberg 1955, em Greenberg III 1993, p. 219).

Ocorria sem dúvida que, para a maior parte da primeira geração de pintores norte-americanos, a conquista de um estilo individual viável, no final da década de 40, acarretava necessariamente o desenvolvimento de uma maneira totalmente abstrata, e que, em cada caso, a forma de abstração em questão deixava bem para trás o precedente do cubismo. Para Pollock, Rothko e Newman, em especial, isso implicava conceber a composição não como um processo de relacionar planos separados em profundidade, mas como o estabelecimento de uma superfície contínua capaz de sustentar o mesmo nível de intensidade de lado a lado e de cima para baixo, não importando o modo como a linha e a cor pudessem ser usadas para qualificá-la.

É fácil perceber quão bem a descrição de Greenberg é capaz de se adaptar ao desenvolvimento da obra de Pollock em particular – e ele era claramente o artista com cuja obra o crítico sentia maior afinidade. Num quadro do início da carreira, *Homem nu com faca* (fig. 43), figuras modeladas com solidez são combinadas, num expressivo estilo tardo-realista, com um facetamento total da superfície da tela, que faz lembrar o cubismo maduro de Picasso dos anos 20 e 30. Pollock tinha ficado por demais impressionado com o *Guernica*, de Picasso, que estava em exibição no Museum of Modern Art, em Nova York, no final da década de 30. Como tantos de seus contemporâneos, ao que parece, ele o tomou como prova de que um estilo moderno poderia de fato ser usado com a finalidade de produzir declarações públicas e eficazes. O quadro de Pollock é, no entanto, desconfortavelmente denso e coagulado, como se a extensão do seu investimento no motivo figurativo o tivesse levado a reunir mais em sua tela do que as limitações do meio podem permitir ou sua geometria regular. No ligeiramente posterior *Nascimento* (fig. 44), enquanto a sensação de carga emocional subjacente é no mínimo igualmente forte, há menos modelação da forma humana, representada com sua monstruosa progenitura emergente, a linha é mais fluida e curvilínea, e a cor e o detalhe são distribuídos de forma mais uniforme pela superfície. Podemos dizer que é permitido à superfície da tela levar uma parte muito maior do peso do efeito da pintura. O resultado, contudo, ainda é desconfortável. A superfície da pintura é sublinhada de modo mais uniforme – tanto assim que parece menos um relevo esculpido do que o *Homem nu com faca* –, mas o espaço ainda é pouco profundo e comprimido para acomodar uma quantidade tão grande tanto de referência figurativa como de cor e detalhe decorativos. Passar dessa obra para a posterior *Preto, branco, cinza*, porém, é sentir um relaxamento quase palpável (fig. 45). Não que a ausência de figuras permita a Pollock simplesmente decorar à vontade sua superfície, pois a pintura parece reter certa sensação de uma identidade específica e determinante. Ocorre, isto sim, que tal identidade foi redefinida em termos das propriedades emergentes da própria pintura.

42
Pablo Picasso
As três dançarinas
1925
Óleo sobre tela
215,3 x 142,2
Tate Gallery,
Londres

Podemos ser levados a pensar que os problemas formais evidentes de sua obra inicial tenham levado Pollock a buscar uma forma mais aberta de espaço pictórico e um modo mais relaxado e rítmico de aplicar a pintura. Assim, ele modificou sua técnica, utilizando esmaltes fluidos lançados e derramados sobre a tela em lugar de tintas de tubos aplicadas de perto com o pincel. No processo, ele tanto deixou para trás a armadura cubista de sua pintura inicial, como perdeu a capacidade de modelar e desenhar componentes figurativos. Mas a crítica Modernista reconhece o resultado como mais satisfatório do ponto de vista formal e estético e, dessa maneira, mais repleto de conteúdo, no sentido de Greenberg. É instituída uma nova forma de espaço mais "puramente óptico", na qual se mostra que a armadura cubista e os componentes figurativos são dispensáveis. Do ponto de vista da teoria Modernista, em sua forma greenberguiana, esse desenvolvimento na obra de Pollock é o resultado de uma autocrítica bem-sucedida e é, assim, progressivo. Serve também para demonstrar o caráter autocrítico do modernismo como tendência, na medida em que o resultado do processo é uma forma de pintura em que os aspectos essenciais do meio estão mais plenamente expostos e reconhecidos.

Num artigo publicado em 1970, Philip Leider, editor da então influente revista *Artforum*, descreveu a obra madura de Pollock como "a última realização de cujo status todo artista sério está convencido". Prefaciando um ensaio sobre a obra de um pintor norte-americano mais jovem, Frank Stella, ele ofereceu um resumo da explicação Modernista de Pollock, com reconhecimentos explícitos a Greenberg e Michael Fried: "[...] como sua arte rompeu com a dependência, por parte da pintura, de um espaço tátil, escultural; como o

43 *abaixo, à esquerda*
Jackson Pollock
Naked man with a knife [Homem nu com faca]
c. 1938-41
Óleo sobre tela
127 x 91,4
Tate Gallery, Londres

44 *abaixo*
Jackson Pollock
Birth [Nascimento]
c. 1938-41
Óleo sobre tela
116,4 x 55,1
Tate Gallery, Londres

45 *à direita*
Jackson Pollock
Untitled (Black, white, grey) [Sem título (Preto, branco, cinza)]
1948
Óleo e esmalte sobre tela
168 x 84,1
Coleção particular

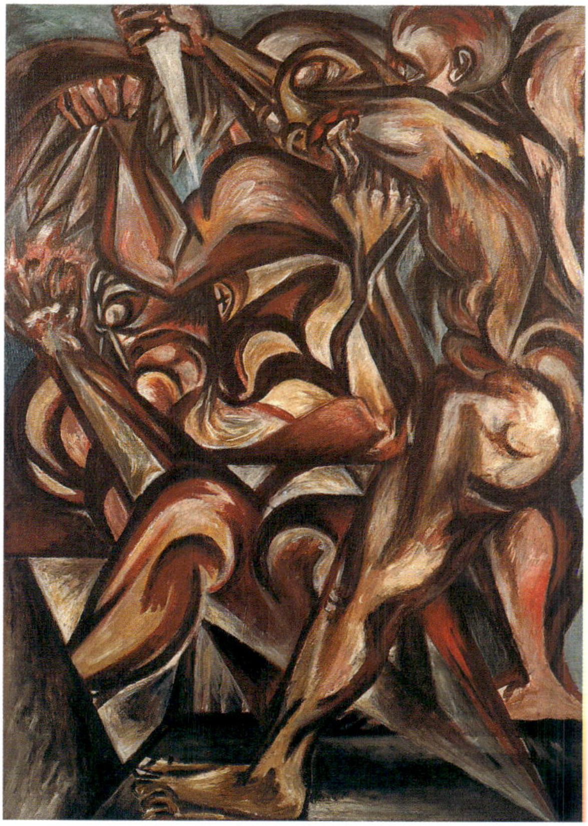

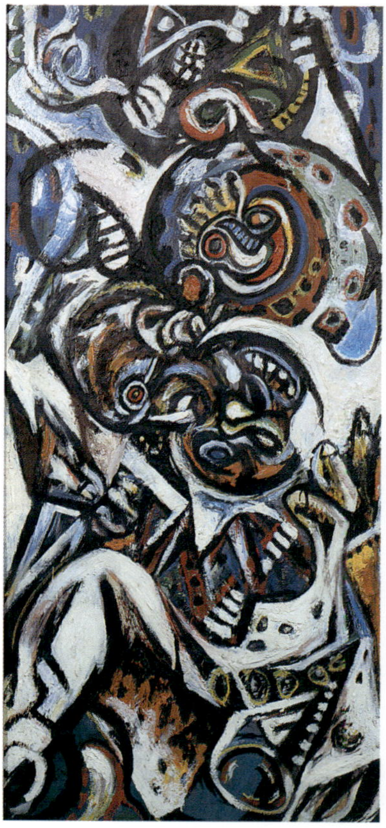

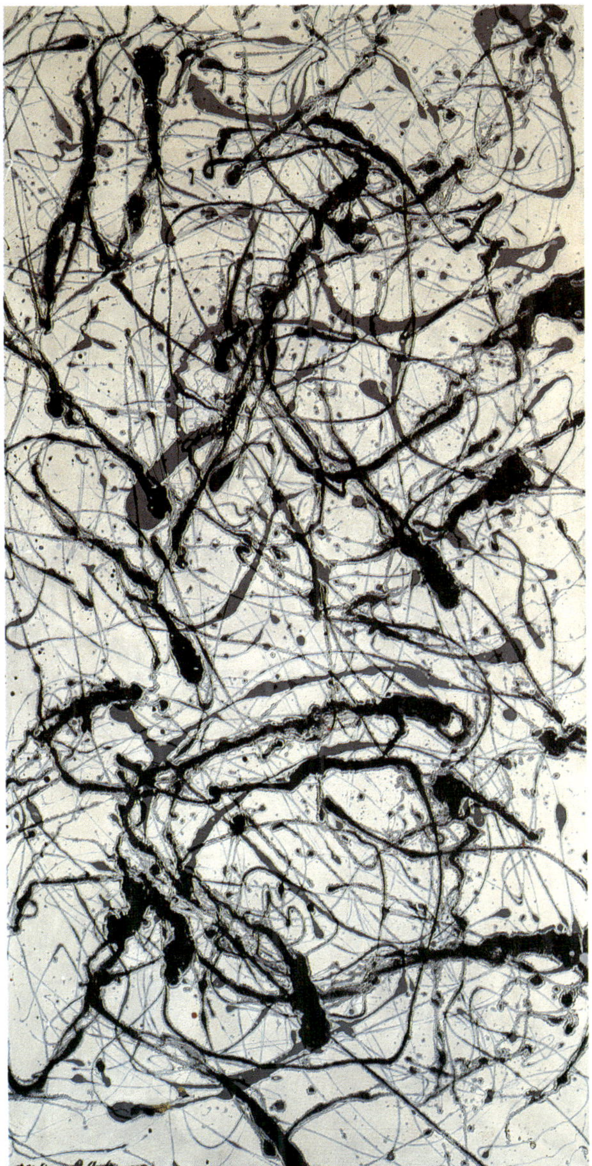

sistema de *all-over** transcendeu a jaula cubista; como ele libertou a linha do contorno, afastou mais a arte abstrata da representação de *coisas* do que qualquer arte anterior; como ele criou 'um novo tipo de espaço', no qual os objetos não são representados, as formas não são justapostas, os acontecimentos físicos não transpiram. Em suma, o triunfo mais apurado da maneira bidimensional. Dessa apreciação de Pollock", Leider acrescentou, "vieram artistas como Morris Louis, Kenneth Noland, Jules Olitski, Helen Frankenthaler e, parcialmente pelo menos, Frank Stella" (Leider 1970, p. 44).

A obra de Frankenthaler forneceu um elo bastante específico e revelador à cadeia assim forjada. Respondendo a obras de Pollock de 1951, nas quais a pintura com esmalte era aplicada diretamente à tela crua, ela fez experimentos com tinta bastante diluída aplicada com pinceladas rápidas em grandes superfícies absorventes. Aparentemente, seu objetivo era combinar a escala e a espontaneidade da obra de Pollock com uma luminosidade e uma leveza de toque só alcançáveis na aquarela. Ela produziu desse modo a pintura *Montanhas e mar*, no outono de 1952 (fig. 46), registrando a percepção que tinha de seu significado ao datá-la explícita e conspicuamente na parte da frente da tela. Os pintores Louis e Noland, residentes em Washington, viram a pintura em companhia de Greenberg numa visita a Nova York em 1953, e foram de pronto motivados a realizar seus próprios experimentos, usando tintas acrílicas recém-disponíveis para conseguir efeitos mais saturados de cor líquida do que os permitidos pela tinta a óleo. A obra resultante seria saudada por Greenberg, e a seguir por Fried, como representando um novo ponto alto da realização modernista (figs. 47, 53).

(*) Clement Greenberg, em *Arte e cultura* (trad. Otacílio Nunes, São Paulo, Ática), definiu o *all-over* como um tipo de pintura em que a tela era "preenchida de ponta a ponta com motivos regularmente espaçados que se repetiam uniformemente como os elementos de um padrão de papel de parede, e que portanto pareciam capazes de repetir a pintura ao infinito para além de sua moldura". (N. T.)

Na verdade, os artistas listados por Leider tinham todos recebido grande apoio de Greenberg, de Fried, ou de ambos durante os anos 60. Por essa época, a aclamação crítica e institucional generalizada dada à pintura expressionista abstrata garantira que interesses consideráveis estivessem em jogo na identificação de uma geração subseqüente. Apesar da aclamação, o público e o mercado haviam se mantido vacilantes em sua resposta à pintura abstrata. A rápida aceitação concedida à obra de Jasper Johns, de Robert Rauschenberg e dos artistas pop pode ser vista como refletindo um certo alívio diante do retorno de referências e imagens palpáveis. Greenberg respondeu ao surgimento de obras como essas com um ensaio publicado em 1962. Sob o título "Depois do expressionismo abstrato", ele rebaixou a "representação sem lar" da obra de Johns e buscou instituir a pintura abstrata de Rothko e Newman como indispensável à continuidade do empreendimento da arte modernista (Greenberg 1962, em Greenberg IV 1993, pp. 126-34). Ao introduzir a obra de Louis, Noland e Olitski um ano depois, ele mais uma vez sugeriu que o interesse por referências figurativas era, necessariamente, uma forma de deterioração estética, descrevendo as diversas propriedades formais de suas pinturas como "estando lá, antes de mais nada, a bem do sentimento, e como veículos do sentimento". E concluiu que "se essas pinturas fracassam como veículos e expressões do sentimento, elas fracassam inteiramente" (Greenberg 1963, em Greenberg IV 1993, p. 153). O que estava implícito é que obras como essas são tanto mais "puramente"

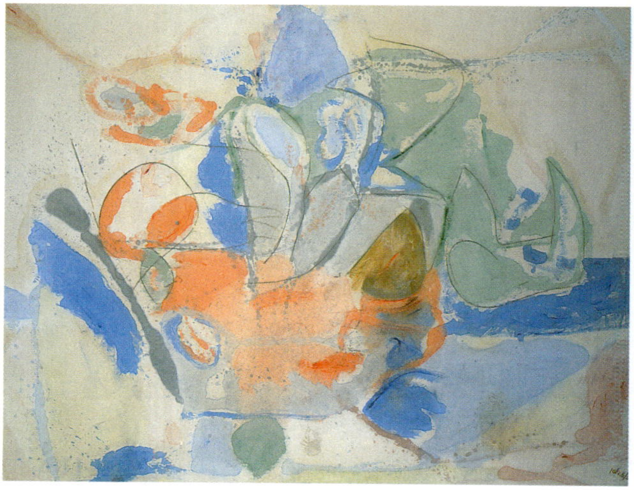

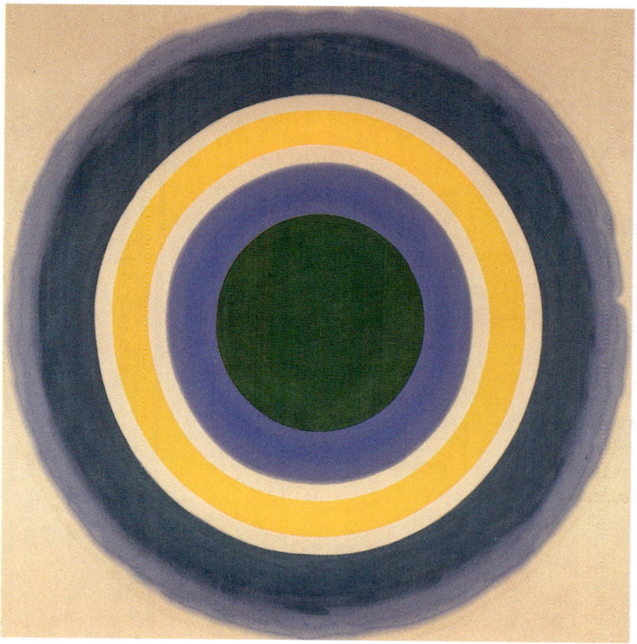

46 *à esquerda*
Helen Frankenthaler
Mountains and sea
[Montanhas e mar]
1952
Óleo sobre tela
221 x 297,8
Coleção da artista, emprestado à National Gallery of Art, Washington

47 *abaixo à esquerda*
Kenneth Noland
Bloom [Floração] 1960
Acrílico sobre tela
170 x 171
Kunstsammlung Nordrhein-Westfalen, Düsseldorf

48 *acima, à direita*
Jules Olitski
(Twice) disarmed
[(Duas vezes) desarmado] 1967
Acrílico sobre tela
233,7 x 539,7
The Metropolitan Museum of Art, Nova York. Doação do sr. e sra. Eugene M. Schwartz

49 *à direita*
Kenneth Noland
Grave light
[Luz sombria] 1965
Acrílico sobre tela
259 x 264,2
The Gund Art Foundation

veículos e expressões do sentimento quanto mais eliminem seja lá o que for que sirva para intermediar a resposta do espectador à sua cor e forma, tais como imagens e referências reconhecíveis, ilusão figurativa ou mesmo textura física (figs. 48, 49).

É um aspecto distintivo das obras em questão que as técnicas por meio das quais foram realizadas permitem uma maior identificação da área pintada com a superfície literal do que mesmo Pollock conseguiu realizar, e, sendo assim, de acordo com a teoria Modernista, um reconhecimento mais completo dos limites do meio. O que está implícito na afirmação de Greenberg é que é a pureza autocrítica do compromisso do pintor com o meio que serve de garantia da

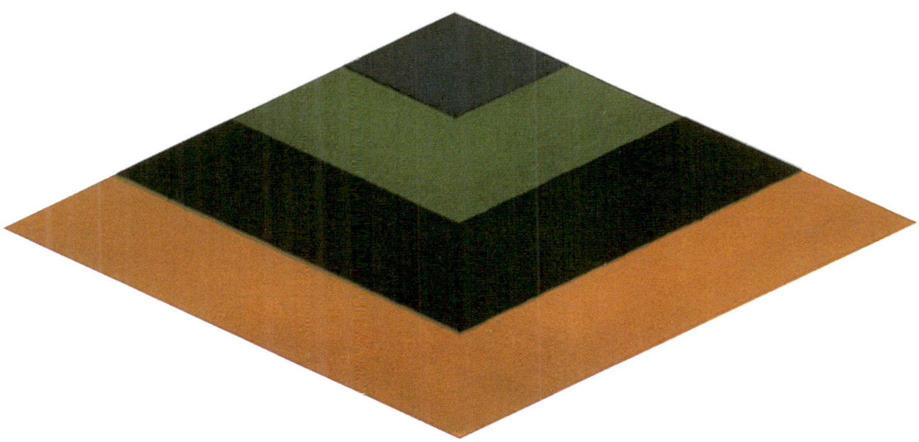

integridade e do valor no conteúdo emocional – garantia de que esse conteúdo é verdadeiramente *estético*, e não, por exemplo, anedótico, ou tendencioso, ou simplesmente intelectual. "É preciso [...] que se entenda", escreveu em "Modernist painting", "que a autocrítica na arte Modernista nunca foi levada adiante a não ser de modo espontâneo e altamente subliminar [...] foi sempre uma questão de prática, imanente à prática, e nunca um tópico de teoria" (Greenberg 1960, em Greenberg IV 1993, p. 91).

8

50
Barnett Newman
Eve [Véspera] 1950
Óleo sobre tela
238,3 x 172,1
Tate Gallery,
Londres

O Modernismo e o Realismo Revisitados

Na última passagem citada, nos defrontamos com o que se pode considerar a reivindicação central da própria teoria Modernista. O valor da arte, ela propõe, reside no que poderíamos chamar a involuntariedade ou o automatismo de seu conteúdo estético e, sendo assim, no caráter inquestionável e autêntico de suas expressões. Os significados e valores humanos falam por meio da obra de arte não na forma em que o artista os apreende seja consciente, teórica ou intelectualmente, nem por meio da tentativa de representar ou de fazer avançar o que podemos crer seja a direção apropriada de nossa história e nossas sociedades, pois, em cada um desses casos, interesses e investimentos parciais estarão em funcionamento, contrários aos ditames do meio. É apenas quando o artista trabalha inteiramente segundo os ditames do meio – apenas quando ele ou ela abandona a busca da virtude ou da relevância e se submete ao padrão objetivo do sucesso ou fracasso *estéticos* – que a obra de arte será capaz de dar testemunho sincero da condição e do momento históricos de sua produção, e nesse sentido se tornar ela própria um verdadeiro meio. Não é pela correspondência com a aparência do mundo, portanto, que se atingirá o realismo, mas, ao contrário, pela conquista de uma autonomia estética.

À luz dessa sugestão podemos enfim lançar um olhar retrospectivo àquele momento, no final do século XIX, em que os interesses do modernismo e do realismo parecem divergir. Podemos tomar como exemplo um caso um tanto quanto dramático. Algumas das pinturas tardias de lagos de nenúfares de Monet foram executadas durante a Primeira Guerra Mundial, num local próximo o suficiente da frente de batalha para que os canhões fossem audíveis de seu jardim. Todavia, não se pode dizer que caia sobre suas telas sob forma figurativa qualquer sombra histórica pertinente. Ao contrário, sua celebração da experiência sensorial parece de todo inconsistente com o que se poderia esperar de uma deliberação a respeito da arte moderna. Se o que se exige para passar no teste do realismo é alguma forma de figuração tópica, pinturas como as de Monet, então, devem ser consideradas um total fracasso. No entanto, suponha-se que comecemos por uma resposta emocional e por um juízo estético, e que achemos as pinturas cativantes – tanto visualmente complexas como

formalmente completas e auto-suficientes. Se o fizermos, poderemos julgá-las como capazes de expressar um senso de valor no mundo natural e em nossa experiência dele. Se consideramos, então, que o momento dessa expressão coincidiu com um período de guerra, isso levaria a que nos inclinássemos a rejeitar o resultado como uma forma de fuga das realidades da história? Não poderíamos admitir que a integridade estética da pintura fosse uma realização sustentada *diante* daquela história, na total consciência de seus horrores, e dessa maneira uma contribuição potencialmente mais valiosa ao que Bell chamou a "história espiritual da raça" do que a obra de alguém que acreditasse que, em tempos de guerra, só a "guerra" deveria ser representada?

A reivindicação que faz o Modernista é que a significação histórica não é uma simples questão do que a arte representa. Deve, outrossim, ser descoberta – ou sentida – na resposta do espectador atento. Mais ou menos à época em que Barnett Newman iniciou as obras abstratas que o tornariam conhecido – obras que continham de modo típico uma única faixa ou "zumbido" de cor num campo relativamente não modulado (fig. 50) –, o crítico Harold Rosenberg o desafiou a explicar o que uma de suas pinturas "poderia possivelmente significar para o mundo". Como ele relatou mais tarde: "Minha resposta foi que, *se ele e os outros pudessem lê-la apropriadamente*, significaria o fim de todo capitalismo de Estado e totalitarismo" (Newman 1962, em Harrison e Wood 1992, p. 766; grifos meus). Essa reivindicação deve ser entendida no contexto da crença de Newman de que "o significado deve vir do ver, não do falar", e de que, no que diz respeito a seu próprio trabalho, "uma de suas implicações é sua afirmação da liberdade, sua negação de princípios dogmáticos, seu repúdio a toda vida dogmática" (ibidem).

Se há uma lição que a crítica Modernista teve que oferecer é a de que devemos de fato tentar "lê-la apropriadamente", isto é, encarar a obra de arte em seus próprios termos – que podem ser termos formais – antes de submetê-la a categorização, interpretação ou julgamento. "Assegure-se de que a experiência lá está antes de tudo", nas palavras de Greenberg (Greenberg 1983). No que se refere à arte, o modo em que se dá essa experiência é sensorial e emocional, ao mesmo tempo que intelectual. O problema é que não distinguimos facilmente entre as "emoções da vida" e o que Bell chamava de o "significado emocional" das obras de arte. Na ausência de uma distinção semelhante, porém, nossos juízos se mostram inoperantes, pois de outra forma somos incapazes de separar o caráter da obra daquilo que nós próprios talvez lhe tenhamos atribuído dogmaticamente, de maneira equivocada, acreditando que somos autorizados pela força de nossas convicções e sentimentos.

Ao caracterizar os modelos de Matisse como presos a esquemas decorativos modernistas, eu parafraseava intencionalmente uma forma de depreciação muito comum de seu empreendimento – uma depreciação que o veria servindo de instrumento a uma forma de consumo burguês irrefletido. Hoje pode-se, contudo, dizer que responder com atenção aos efeitos de uma obra como *Mulher diante de um aquário*, de 1923 (fig. 51), é descobrir uma complexidade nas telas de Matisse totalmente incongruente com a idéia de que são apenas mercadorias de consumo. Nesse caso específico, o efeito da composição é o de definir uma forma de espectador imaginário, que se situa no limiar do espaço pictórico mas que não tem poder para penetrá-lo, nem para interromper o estado absorto da mulher representada. A questão é que esse efeito deve ser *sentido* antes que venha propriamente a influir na interpretação do quadro. A menos que atentemos à maneira como a tela é composta – a frieza da cor, as barreiras formadas pelo lado da mesa mais próximo e a ramagem dentada de cedro, a folha branca de papel servindo para puxar para baixo o olhar –, não seremos capazes de entender sua pungência. No começo do século, o próprio Matisse ofereceu uma formulação clássica da relação entre composição formal e efeito expressivo que se situa no âmago do projeto modernista.

51
Henri Matisse
Mulher diante de um aquário 1921-23
Óleo sobre tela
80,7 x 100
The Art Institute of Chicago. Helen Birch Bartlett Memorial Collection

> A expressão, para mim, não reside nas paixões que brilham num rosto humano ou se manifestam num movimento violento. O arranjo total de minha tela é expressivo: o lugar ocupado pelas figuras, os espaços vazios em torno delas, as proporções, tudo tem a sua parte. A composição é a arte de arranjar de modo decorativo os diversos elementos sob o comando do pintor para expressar seus sentimentos [...] [Matisse 1908, em Harrison e Wood 1992, p. 73]

Numa esclarecedora nota de rodapé ao trecho de *Three American painters* em que se referia à realidade "se afastando do poder da pintura de representá-la", Fried descrevia Manet como "o primeiro pintor para quem a própria consciência é o grande tema de sua arte" (Fried 1965, em Harrison e Wood 1992, p. 774). Segundo Fried, Manet foi levado a essa posição pela percepção de que o realismo moderno implica *autoconsciência*. Parece perfeitamente cabível ver a arte de Matisse no interior de uma tradição definida nesses termos. Por intermédio de sua preocupação evidente com estados de consciência e autoconsciência, ele realizou uma forma original de reconciliação das aspirações realistas com as técnicas modernistas.

Sendo assim, podemos finalmente transpor o vasto arco cronológico de nosso tema e encontrar termos relevantes nos quais relacionar o modernismo inicial e figurativo de Manet ao modernismo tardio e totalmente abstrato de, digamos, Morris Louis? A resposta, creio, é que podemos, e que a relação entre os dois é de fato tão esclarecedora quanto a teoria Modernista levaria a supor. No caso da pintura *Mulher com leques*, de Manet, aquilo que o distingue – e, nesse caso, o seu modernismo – ficou evidente pela comparação com uma obra praticamente contemporânea de Carolus Duran (figs. 16, 17). Com base nessa comparação, fiz

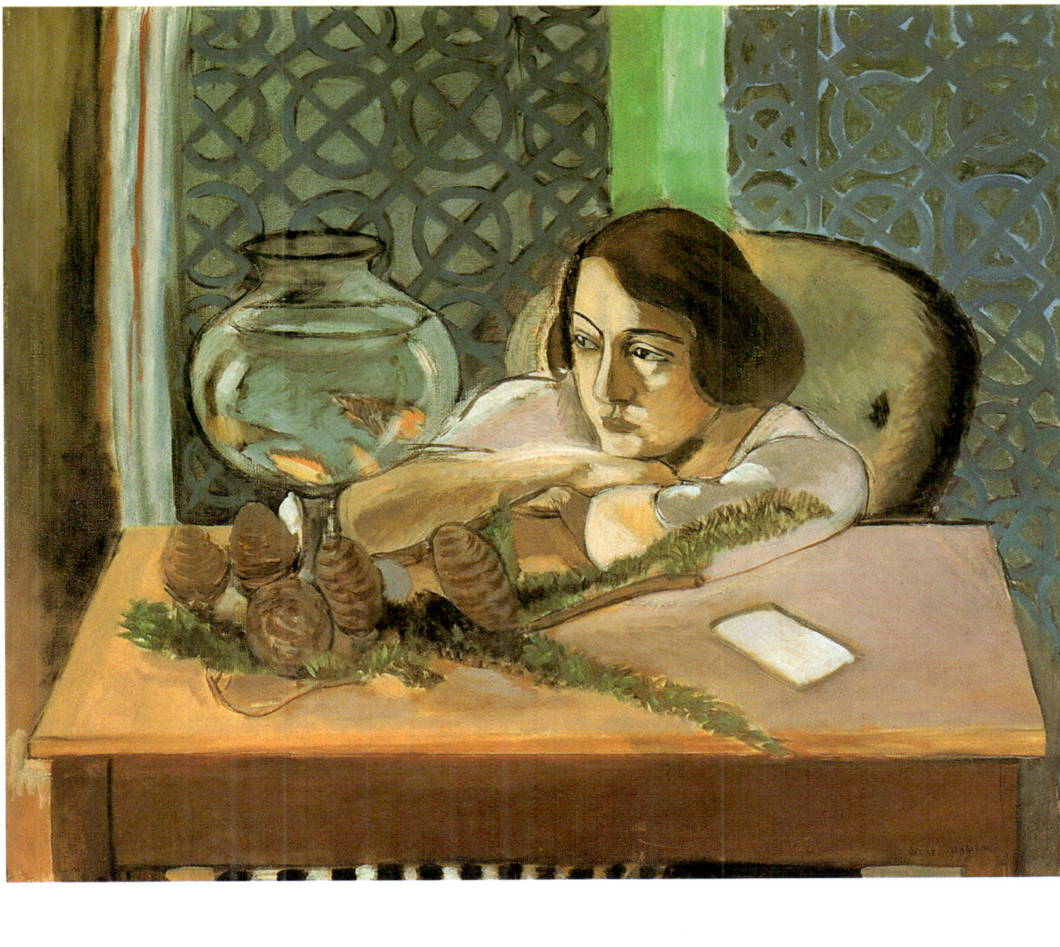

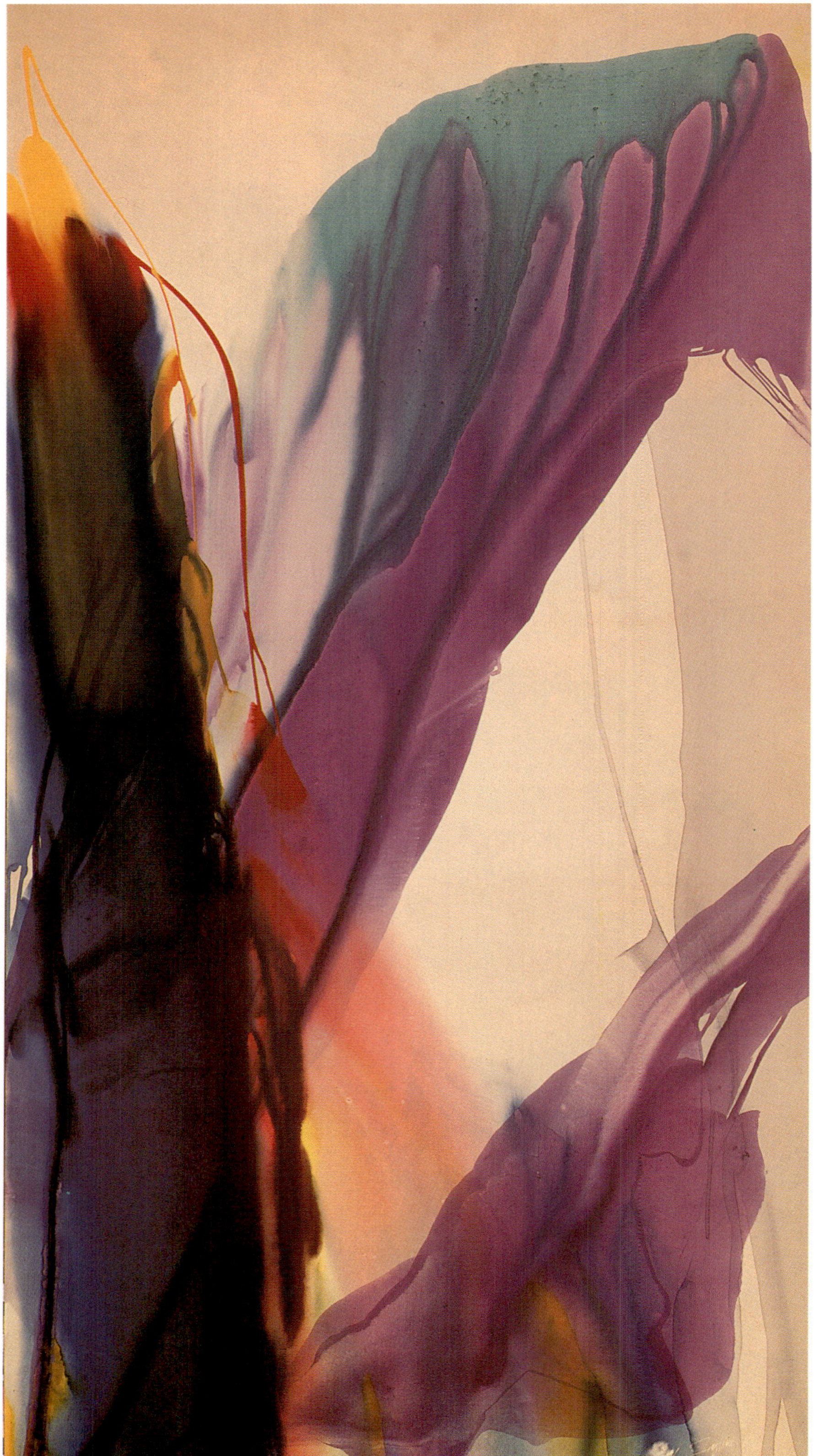

52
Paul Jenkins

Phenomena, yonder near [Fenômenos, próximos distantes] 1964

Acrílico sobre tela
294,6 x 161,3
Tate Gallery, Londres

53
Morris Louis

Number 99 1959

Acrílico sobre tela
25,1 x 360,7
The Cleveland Museum of Art, Ohio

duas observações inter-relacionadas. A primeira foi que a pintura de Manet engaja o espectador mais ativamente no modo e no processo efetivos de sua composição. A segunda foi que esse engajamento é o meio para estimular uma forma de trabalho imaginativo recíproco da parte do espectador – trabalho que tem, digamos assim, um aspecto social diferente da forma um tanto arquetípica de desempenho de um papel (*role-playing*) que a tela de Carolus Duran parece propor. Se considerarmos *Número 99*, de Louis, de 1959 (fig. 53), em relação a *Phenomena, yonder near* [Fenômenos, próximos distantes], de Paul Jenkins, de 1964 (fig. 52), veremos que formas bastante similares de distinção podem ser feitas (mesmo sem levarmos em conta as diferenças de pretensão indicadas pelos

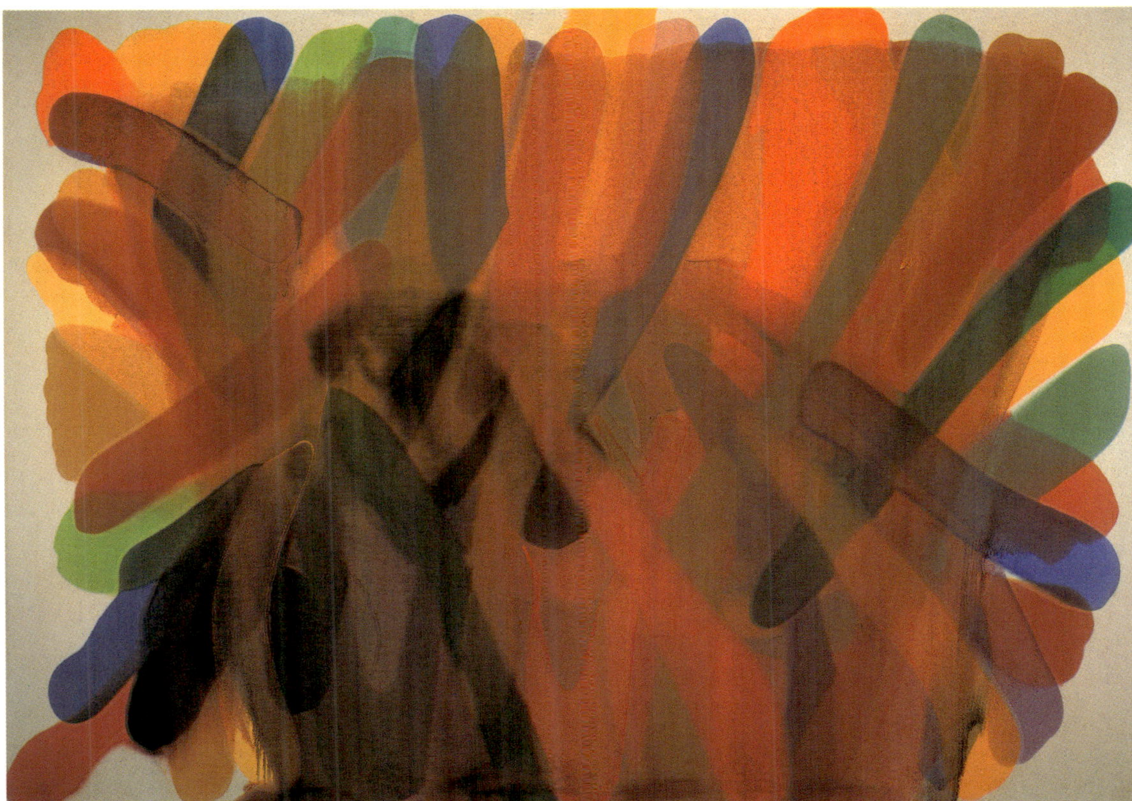

respectivos títulos). A pintura de Louis parece composta com espontaneidade e fluência. Perto dela, a outra parece caprichosa e arbitrária, seus efeitos abertos às incursões e leituras da fantasia, enquanto a pintura de Louis define e preenche sua superfície de lado a lado e de cima a baixo. Enquanto uma propõe uma imagem íntegra, uniforme e indivisível, a outra se propõe a ser o que quer que desejemos: um pôr-do-sol, um jardim subaquático, uma dança dos sete véus. Sem dúvida, é *mais fácil* olhar para um pôr-do-sol do que para uma pintura. Mas o fato é que um pôr-do-sol não tem nada de novo.

9

Escultura, Exclusividade e o Pós-Moderno

As teorias Modernistas da arte estão em grande parte pressupostas no desenvolvimento da pintura. É pela obra de Manet, Cézanne, Matisse, cubistas e Pollock que os críticos Modernistas têm sido o mais continuamente adestrados. O que dizer então da escultura moderna? Devemos considerar a escultura como conceitualmente subordinada à pintura durante a vigência histórica do modernismo, e esperar mudança e vitalidade significativas no meio, na medida em que é motivado pelo exemplo da pintura? Ou devemos, isto sim, esquadrinhar a história da escultura em busca de exceções e anomalias interessantes no que diz respeito à explicação Modernista da arte em geral?

A primeira dessas alternativas se aproxima mais da tese da própria crítica Modernista madura, que propõe uma nova forma de escultura baseada na colagem cubista. A segunda alternativa tem sido a mais favorecida por aqueles que criticam a explicação Modernista da arte moderna e visam a derrubar a autoridade de seus juízos. Um breve resumo dos debates recentes sobre a escultura e a "obra tridimensional" servirá assim para, de um lado, concluir nosso apanhado da teoria crítica Modernista e, de outro, para indicar alguns pontos artísticos de referência para o conceito de pós-modernismo.

54
Pablo Picasso
Garrafa de Vieux Marc, copo, violão e jornal
1913
Colagem, caneta e tinta sobre papel azul
46,7 x 62,5
Tate Gallery, Londres

Em 1958, Greenberg reviu substancialmente o ensaio que havia sido publicado pela primeira vez nove anos antes como "A nova escultura", republicando-o com o título "A escultura em nosso tempo". No processo de revisão, ele fortaleceu sua concepção original da escultura moderna como uma arte de efeitos *ópticos* em lugar de físicos ou monumentais. Ele agora sugeria que "a escultura – essa arte por longo tempo eclipsada – está fadada a lucrar graças à 'redução' modernista de um modo que não ocorre com a pintura", e que, enquanto fosse capaz de proporcionar "o máximo possível de visibilidade com o mínimo possível de dispêndio de superfície tátil", estava fadada a atingir um novo status como a "arte visual do modernismo" (Greenberg 1958a, em Greenberg IV 1993, p. 56). Num ensaio sobre a colagem publicado no mesmo ano, ele forneceu algumas indicações a respeito de como uma tal escultura poderia ser concebida na prática e, ao mesmo tempo, em termos de história da arte.

> Os elementos afixados originais de uma colagem tinham, com efeito, sido expelidos da superfície do quadro – a folha de papel de desenho ou a tela – para formar um baixo-relevo. Mas era um baixo-relevo "construído", não esculpido, e fundou um novo gênero de escultura. A escultura construída se libertou há muito tempo de sua frontalidade de baixo-relevo e de tudo o mais que sugerisse a superfície do quadro, mas continua até hoje marcada por suas origens pictóricas. Não por acaso o escultor-construtor Julio González chamou a nova arte de "desenho no espaço". Mas com igual e mais descritiva justiça poderia ser chamada, retornando mais especificamente às suas origens na colagem, a nova arte de reunir formas bidimensionais no espaço tridimensional. [Greenberg 1958b, em Greenberg IV 1993, pp. 64-5]

O desenvolvimento que Greenberg tinha em mente pode ser rastreado considerando-se a relação entre a colagem de Picasso intitulada *Garrafa de Vieux Marc, copo, violão e jornal*, de 1913 (fig. 54), a construída *Natureza-morta* do mesmo artista, do ano seguinte (fig. 55), e a escultura vazada de González intitulada *Maternidade*, de 1934 (fig. 57). Por sua vez, o exemplo de escultura soldada de González foi retomado pelo norte-americano David Smith (fig. 56), que Greenberg saudou como "o melhor escultor de sua geração" num ensaio publicado em 1956 (Greenberg 1956, em Greenberg III 1993, p. 277). Essa era uma afirmação que com certeza ocasionaria certa surpresa na Inglaterra, onde o título de "melhor escultor", de acordo com muitos, estava reservado a Henry Moore,

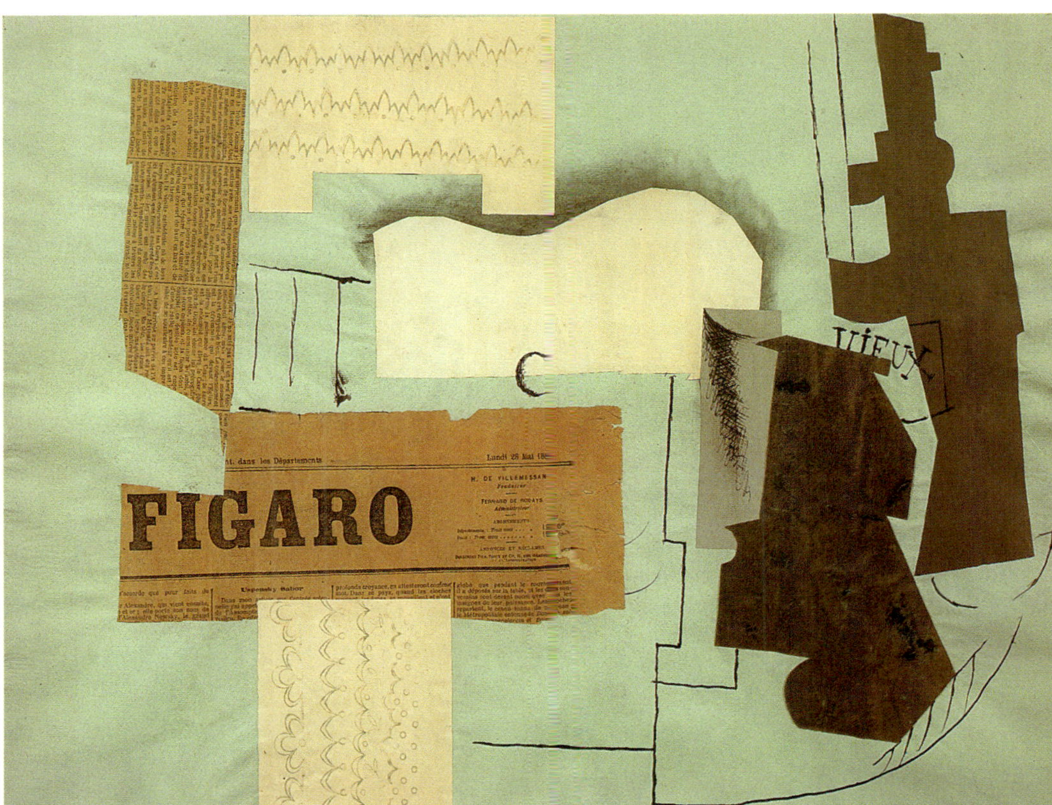

em virtude da crescente monumentalidade e ubiqüidade de sua obra. Por outro lado, jovens artistas ingleses, no final da década de 50, estavam em processo de assimilação das implicações da pintura expressionista abstrata, exibida em Londres em duas mostras extremamente influentes em 1956 e 1959 (respectivamente, *Modern Art in the United States* e *The New American Painting*, ambas na Tate Gallery). Dado que a obra de Smith era virtualmente desconhecida à época na Inglaterra, aqueles que se perguntaram sobre o desenvolvimento da escultura como uma arte modernista o fizeram em grande parte sob o impacto da pintura abstrata norte-americana.

Entre os artistas ingleses que foram dessa forma levados a questionar a natureza de sua prática estava Anthony Caro, ex-assistente de Moore, com quem trabalhara de 1951 a 1953. Entre 1959 e 1960, seu estilo mudou de modo dramático.

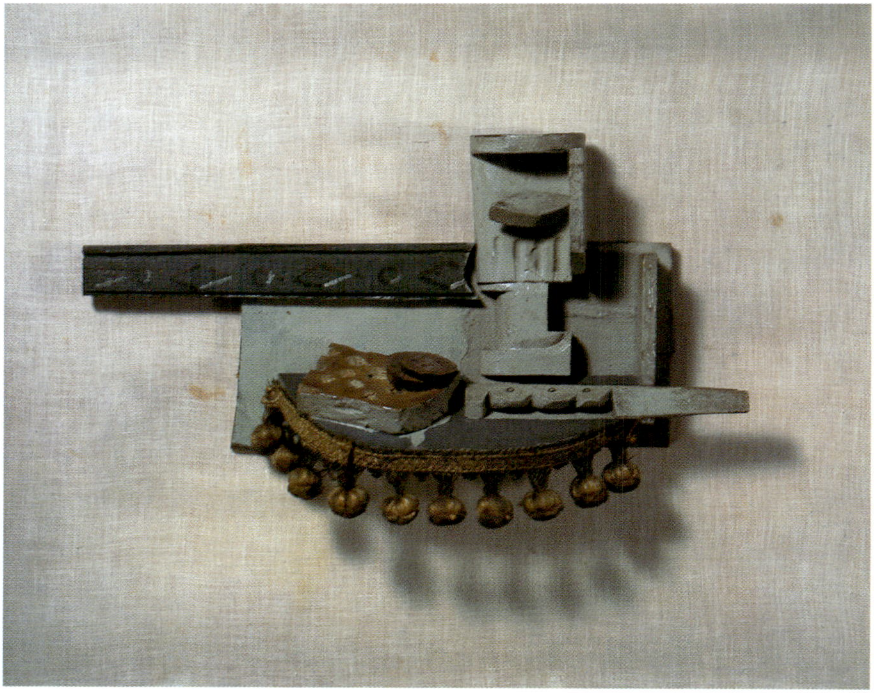

55
Pablo Picasso
Natureza-morta 1914
Madeira pintada e franja de tapeçaria
25,4 x 45,7 x 9,2
Tate Gallery, Londres

56 *acima, à direita*
David Smith
Agricola IX 1952
Aço
93 x 145 x 5
Emprestado à Tate Gallery, Londres

57 *à direita*
Julio González
Maternidade 1934
Aço
130,5 x 40,6 x 23,5
Tate Gallery, Londres

Figuras em bronze densamente modeladas e potencialmente monumentais deram lugar a configurações abstratas em aço cortado e soldado. Em obras como *Early one morning* [Certa manhã cedo], de 1962 (fig. 60), ele parecia preencher precisamente as condições que Greenberg havia prescrito como as que permitiram à escultura tornar-se "a arte visual representativa do modernismo". Na verdade, a mudança na obra de Caro coincidiu com o estabelecimento de contatos diretos e mesmo de relações de amizade próxima não só com Greenberg, mas também com Smith e Noland. Tanto Greenberg quanto Fried responderam com entusiasmo àquilo que o primeiro chamou a "ruptura" na obra do escultor (Greenberg 1965, em Greenberg IV 1993, p. 205). A pintura norte-americana e a escultura inglesa haviam se juntado, ao que parecia, sob o *imprimatur* da maior autoridade crítica, para constituir a arte modernista avançada da época. Nos anos entre 1960 e 1967, uma bem-sucedida geração de

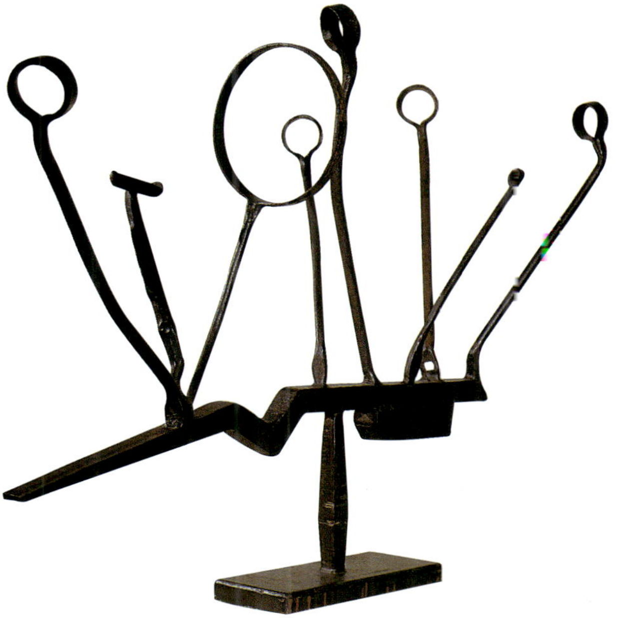

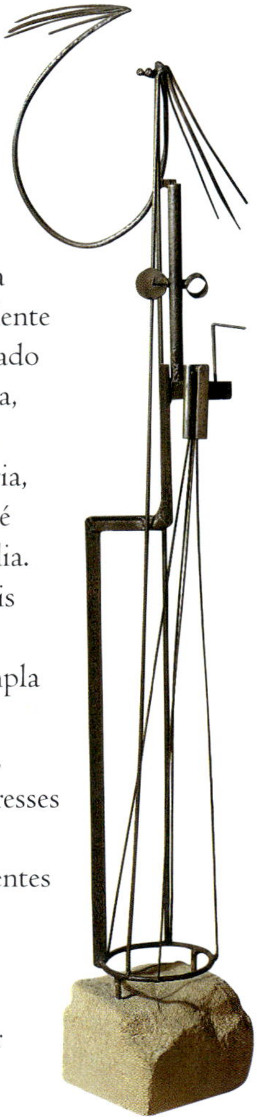

escultores mais jovens se desenvolveu em Londres no contexto do exemplo de Caro, mantendo um diálogo frutífero não apenas com os pintores e escritores norte-americanos de convicções modernistas, mas ainda com aqueles pintores ingleses emergentes, cujo conceito de tradição moderna fora virtualmente definido por formas norte-americanas de arte abstrata (figs. 58, 59).

No final da década de 60, porém, estava claro que tanto a prática como a crítica de arte estavam sendo polarizadas. Um sintoma evidente dessa polarização era o próprio reconhecimento que passou a ser dado ao Modernismo como uma tendência explícita no interior da crítica, isto é, o reconhecimento de que o desenvolvimento da arte estivera sujeito a uma forma de representação específica e parcial que poderia, ela própria, ser representada e criticada. Esse reconhecimento veio, é claro, tanto mais rápido quanto a influência de Greenberg se estendia. Uma vez que sua própria explicação do modernismo se tornou mais explicitamente teorizada, a natureza assertiva de seus juízos e formulações tornou muito mais fácil perceber o caráter daquela ampla tradição crítica no interior da qual ele trabalhava. E quanto mais claramente a tradição era caracterizada, mais sonora a discordância, tanto por parte daqueles observadores que viam seus próprios interesses e preferências rebaixados, como por parte daqueles artistas cujos cometimentos práticos eram sustentados por interpretações divergentes da história recente e da tarefa então a executar.

Entre os primeiros estavam historiadores que observaram na crítica Modernista como as explicações da história da arte que a acompanhavam tendiam cada vez mais a ignorar e mesmo a ocultar as condições sociais da produção de arte. Na medida em que o significado dessas condições era subestimado ou deturpado nessas explicações, eles afirmavam, as reivindicações Modernistas do significado e do valor da arte eram na melhor das hipóteses a-históricas e, na pior, interesseiras e falsas. Foi tendo em vista a obra revisionista desses historiadores que elaborei a revisão cética dos desenvolvimentos do modernismo no final do capítulo 4. No segundo grupo de dissidentes da explicação de Greenberg estavam artistas que acreditavam que a ênfase Modernista na fidelidade ao meio tinha se tornado uma prescrição para o conservadorismo técnico, e que o potencial para o desenvolvimento criticamente significativo não estava mais na pintura ou na escultura, mas nas várias formas daquilo que o minimalista Donald Judd chamou a "obra tridimensional" (Judd 1965, em Harrison e Wood 1992, pp. 809-13). As objeções dos historiadores da arte e dos artistas dissidentes convergiram numa revisão do cânone moderno da arte. O final da década de 50 vira ressurgir o interesse pelo movimento dadá e particularmente pela obra de Duchamp. O movimento surrealista gradativamente

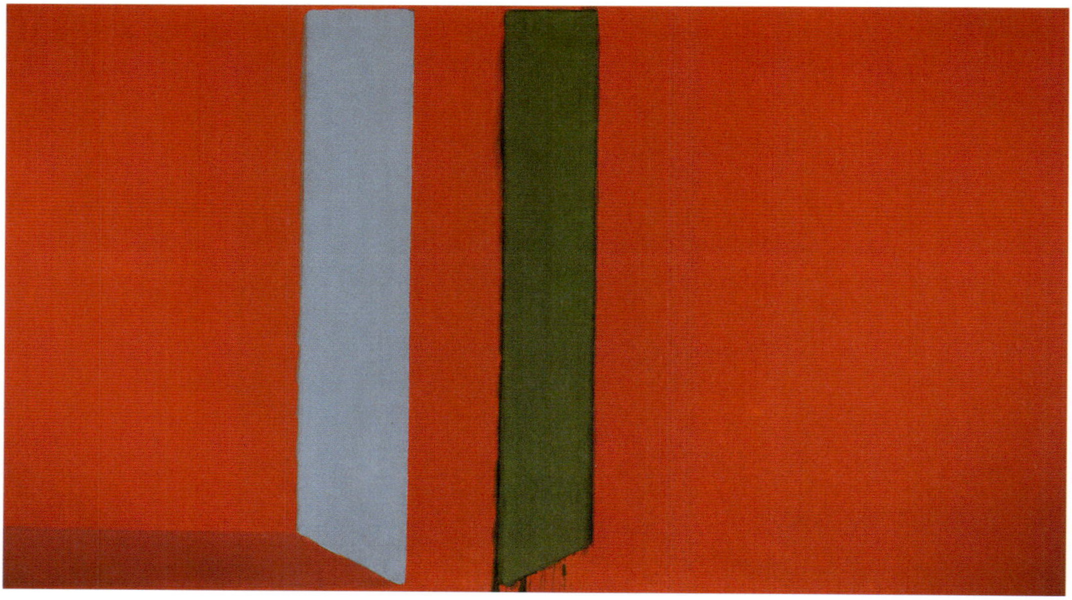

readquiriu seu caráter político na história da arte dos anos 60 e 70. O interesse pelo construtivismo russo cresceu durante o mesmo período.

Sob essas condições, a arte "tardo-modernista" da década de 60 estava sujeita a estimativas muitíssimo variegadas. A pintura de Jules Olitski, em particular, serviu de foco a formas extremas de avaliação. Para Michael Fried, era feita de uma "dialética [que] tinha absorvido mais e mais da densidade, estrutura e complexidade da experiência moral – isto é, da própria vida, mas da vida vivida como poucos estão inclinados a vivê-la: num estado de alerta intelectual e moral contínuo" (Fried 1965, em Harrison e Wood 1992, p. 773). Para a escritora Lucy Lippard, ela era "*Muzak* visual" (Lippard 1969, em Harrison e Wood 1992, p. 1849). A avaliação da obra contemporânea de Caro se dividia por linhas similares. Seus admiradores o aclamavam por estabelecer um equivalente em escultura à "abstração pós-pictórica" de Noland e Olitski; por trazer uma forma nova e "óptica" de abstração à escultura; por liberar a forma escultórica do pedestal e do seu legado de monumentalidade; por realizar uma nova concentração em torno do que Fried chamou de as relações "sintáticas" entre os elementos escultóricos, e sobretudo por usar componentes efetivamente substanciais para estabelecer efeitos discretos e líricos, do tipo em geral associado à poesia e à música. Mas, para outros observadores, o mesmo conjunto de obras aparecia como uma confirmação a mais de que "a experiência emocional" no centro das prioridades Modernistas era, em essência, insocial. Isto é, era uma experiência exclusiva de uma comunidade de indivíduos privilegiados. A reivindicação da autonomia da arte modernista, sugeria-se agora, tinha sido reduzida a uma forma de alegação especial em prol dessa comunidade; um meio de proteger uma obra

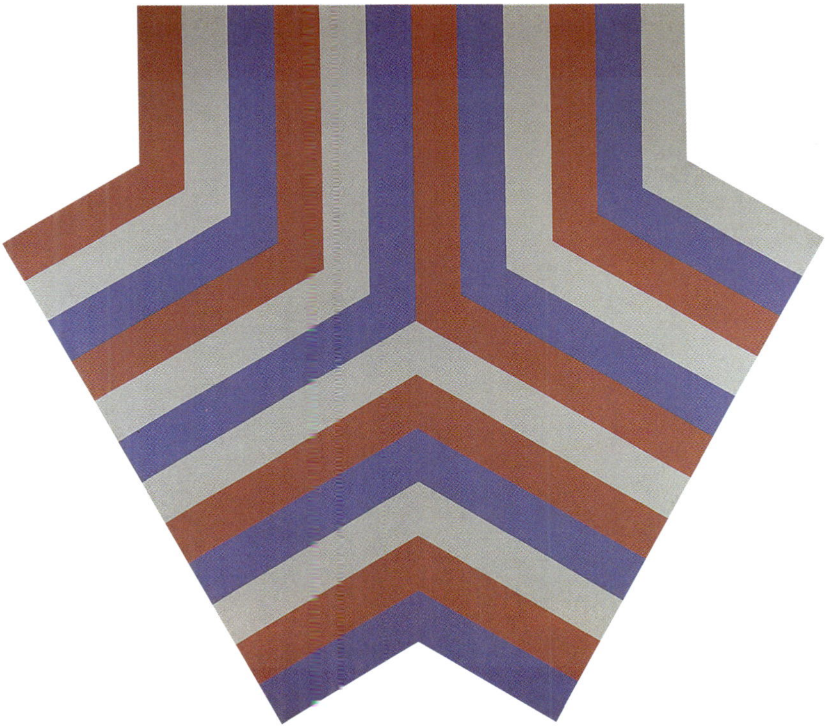

58
John Hoyland
28.5.66 1966
Acrílico sobre tela
198,1 x 365,8
Tate Gallery,
Londres

59
Jeremy Moon
Rosa azul 1967
Acrílico sobre tela
218,4 x 251,5
Tate Gallery,
Londres

conceitualmente frágil da exposição à algazarra de fundo da modernidade. Uma vez essa obra removida do "cubo branco" da galeria modernista e requisitada a se firmar na cultura mais ampla, deve-se revelar como meramente anódina. Pode-se admitir, em relação à pintura, que ela possa não ter existência plausível fora dos espaços fechados da casa, da galeria e do museu. Na verdade, havia aqueles que – consciente ou inconscientemente revivendo argumentos expostos pela primeira vez por dadaístas e construtivistas na segunda década do século XX – afirmavam que o próprio suporte era representativo do conservadorismo inelutável da pintura. Mas a escultura, pelo menos, parecia conservar o potencial para uma espécie de visibilidade e eficácia públicas. Que boas razões poderiam haver, portanto, para sua restrição ao mundo em que a pintura já estava isolada? O próprio conceito de escultura como uma arte "modernista" surgia a muitos como uma limitação da possível extensão do meio em novas formas e contextos de exibição e, além disso, como um claro indício do abandono final, por parte dos Modernistas, de qualquer apoio à idéia de uma cultura pública.

Talvez o sinal mais evidente de polarização tenha vindo no verão de 1967, com a publicação de um número especial sobre escultura da revista nova-iorquina *Artforum*. O pretexto foi uma exposição de escultura norte-americana em Los Angeles, na qual, significativamente, uma certa proeminência foi concedida à obra de Caro. A maior atração era um longo ensaio de Fried, "Art and objecthood" [Arte e objetidade], em que ele tratava a obra de Caro como típica da virtude modernista, assim como a pintura de Noland, Olitski e Stella. O traço notável desse panegírico encontrava-se no argumento em que se baseava, pois o que mais chamava a atenção no texto de Fried era o seu ataque continuado à "obra tridimensional" recente daqueles que ele denominava "literalistas" (hoje mais comumente conhecidos como minimalistas), com destaque para Donald Judd e Robert Morris. Apresentava-se como crucial para o argumento de Fried o fato de que "os conceitos de qualidade e valor – e, na medida em que estes são centrais para a arte, o próprio conceito de arte – só são significativos, ou de todo significativos, nas artes individuais. O que existe *entre* as artes é teatro" (Fried 1967, p. 21). Por "teatro" Fried queria se referir não ao teatro como uma forma de arte ou uma série de convenções, mas a uma forma geral de sensibilidade corrompida. Na troca teatral, a autoconsciência do observador e suas condições ambientais são providas de um foco vivificador pelo encontro com o objeto. Segundo Fried, tais trocas eram categoricamente diferentes daquelas formas de relacionamento entre a obra de arte e o espectador que a teoria modernista identificava com o ato de imaginação; relações caracterizadas por estados de elevada concentração e pela suspensão do sentido contingente do eu. Em seu argumento, o conceito de teatro ocupa assim um papel bastante semelhante ao ocupado, na obra de Clive Bell, pelas "emoções da vida"; ou seja, o recurso à forma teatral é o sinal de uma inabilidade ou incapacidade de responder esteticamente. Em sua conclusão, Fried chamou a atenção para o que via como "a penetração total – a virtual universalidade – da sensibilidade ou modo de ser que caracterizei como corrompida ou pervertida pelo teatro" (ibidem, p. 23).

Fried, em geral, é visto retrospectivamente como uma espécie de figura venerável. O que quer que diga sobre os aspectos avaliatórios de sua teoria, as páginas restantes do número de verão de 1967 da *Artforum* traziam fartas evidências da discordância prática em relação aos critérios em que se fundamentavam seus julgamentos. Nos anos seguintes, a modernidade artística se viu amplamente associada a formas de arte que, se eram "visuais", com certeza não eram mais pintura, e, se eram "tridimensionais", dificilmente seriam reconhecidas como esculturas – não, pelo menos, no sentido aceitável a um olhar Modernista.

Nossa descrição do modernismo pode se encerrar apropriadamente com o testemunho de um artista cuja obra é intencionalmente localizada à margem de seus cânones e protocolos.

60
Anthony Caro
Early one morning
[Certa manhã cedo]
1962
Aço pintado e alumínio
289,6 x 619,8 x 335,3
Tate Gallery, Londres

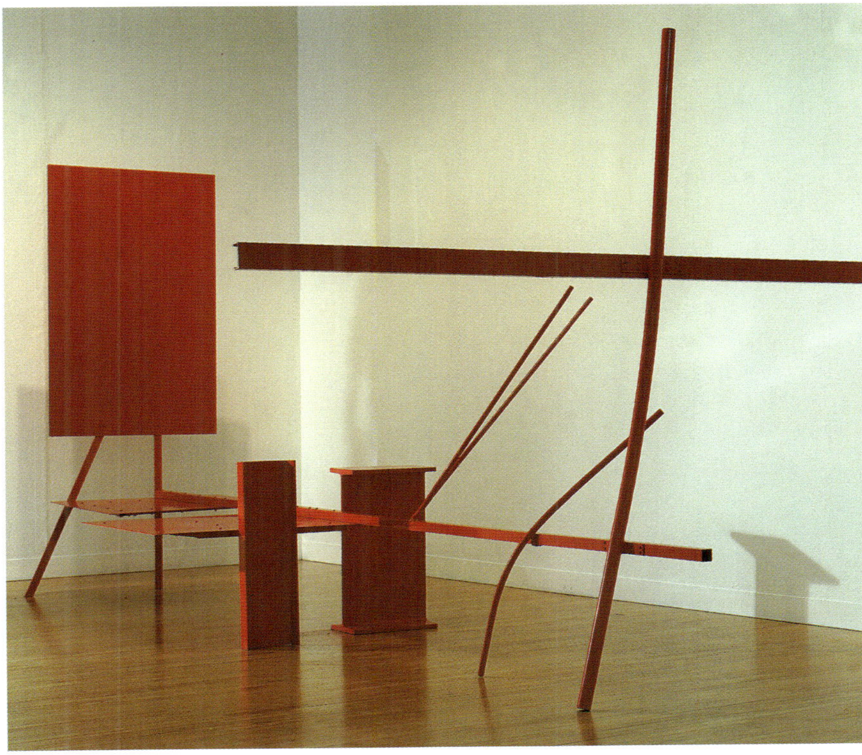

> Li o ensaio de Michael Fried [...] que era uma espécie de defesa empertigada do alto modernismo, e ele falava do problema da arte que não seguia esses preceitos modernistas e dizia que era "teatro". E eu disse "bingo, é isso mesmo, está certo". A arte que importa hoje é uma forma de teatro, e uma coisa que *isso* significa é que ela deve estar no mesmo espaço que o espectador [...] [Rosler 1991]

Essa discussão final nos deixa com uma questão em aberto que pode ser endereçada à cultura do passado recente e do presente. Que significado tem dizer que, sejam quais forem as suas virtudes e o modo de representá-lo, o modernismo não é mais a *nossa* cultura? Será o caso de aquilo que o termo "modernismo" designa ser apenas uma forma historicamente específica de cultura – a qual já perdeu sua vitalidade crítica e, assim sendo, encerrou sua carreira? Ou será o caso de o modernismo representar um tipo de demanda a que continuamos sujeitos? Estamos tão decadentes a ponto de sermos incapazes de corresponder àquele persistente padrão moral e intelectual com o qual ele é associado nos escritos de Fried e de outros?

BIBLIOGRAFIA

BAUDELAIRE, Charles

1859
"Salon of 1859", *Revue Française*, 10 jun- 20 jul. de 1859, *in* Jonathan Mayne (org.), *Art in Paris 1845-1862; Salons and other exhibitions reviewed by Charles Baudelaire*, Oxford, 1965, pp. 144-222.

BELL, Clive

Art, Londres, 1914; 2ª ed., Londres, 1928.

DELAUNAY, Robert

1912
"On the construction of reality in pure painting", *Der Sturm*, dez. de 1912, *in* Harrison e Wood 1992, pp. 152-4.

DENIS, Maurice

1890
"Definition of neo-traditionism", *Art et critique*, 23 e 30, ago. de 1890.

FRIED, Michael

1965
Three American painters, Fogg Art Museum, Cambridge, Mass., *in* Harrison e Wood 1992, pp. 769-75.

1967
"Art and objecthood", *Artforum*, verão de 1967, pp. 12-23.

FRY, Roger

1909
"An essay in aesthetics", *New quarterly*, 1909, *in* Harrison e Wood 1992, pp. 78-86.

1910
"Introductory note" a M. Denis, "Cézanne", *Burlington Magazine*, jan. de 1910, *in* Harrison e Wood 1992, pp. 40-1.

GREENBERG, Clement

1939
"Avant-garde and kitsch", *Partisan Review*, outono de 1939, *in* Greenberg I 1986, pp. 5-22.

1940
"Towards a newer Laocoon", *Partisan Review*, jul.-ago. de 1940, *in* Greenberg I 1986, pp. 23-38.

1948
"The decline of cubism", *Partisan Review*, mar. de 1948, *in* Greenberg II 1986, pp. 211-5.

1955
"American-type painting", *Partisan Review*, primavera de 1955, *in* Greenberg III 1993, pp. 217-35.

1956
"David Smith", *Art in America*, inverno de 1956, *in* Greenberg III 1993, pp. 275-9.

1958a
"Sculpture in our time", *Arts Magazine*, jun. de 1958, *in* Greenberg IV 1993, pp. 55-61.

1958b
"The pasted-paper revolution" (reed. em 1961 como "Collage"), *Art News*, set. de 1958, *in* Greenberg IV 1993, pp. 61-6.

1960
"Modernist painting", *Forum Lectures*, Washington, 1960, *in* Greenberg IV 1993, pp. 85-93.

1962
"After abstract expressionism", *Art International*, 25 out. de 1962, *in* Greenberg IV 1993, pp. 121-34.

1963
"Introduction to an exhibition of Morris Louis, Kenneth Noland and Jules Olitski", *Three new American painters*, Regina, jan. de 1963, *in* Greenberg IV 1993, pp. 149-53.

1965
"Contemporary sculpture: Anthony Caro", *Arts Yearbook* 8, 1965, *in* Greenberg IV 1993, pp. 205-8.

1967
"Complaints of an art critic", *Artforum*, out. de 1967, *in* Greenberg IV 1993, pp. 265-72.

1983
"Greenberg on criticism", TV 29, *A315; Modern art and modernism; Manet to Pollock*, Open University, Milton Keynes, 1983.

I 1986
John O'Brian (org.), *The collected essays and criticism: vol. I, Perceptions and judgements 1939-1944*, Chicago, 1986.

II 1986
_____*vol. II, Arrogant purpose 1945-1949*, Chicago, 1986.

III 1993
_____*vol. III, Affirmations and refusals 1950-1956*, Chicago, 1993.

IV 1993
_____*vol. IV, Modernism with a vengeance 1957-1969*, Chicago, 1993.

HARRISON, Charles e WOOD, Paul

1992
Art in theory 1900-1990: An anthology of changing ideas, Oxford e Cambridge, Mass.

HEPWORTH, Barbara

1937
"Sculpture", *in* Martin, Nicholson e Gabo 1937, pp. 113-6.

HOFMANN, Hans

1932
"On the aims of art", *The Fortnightly*, 26 fev. de 1932, *in* Harrison e Wood 1992, pp. 354-7.

JAMES, Philip

1966
Henry Moore on sculpture, Londres, 1966.

KANDINSKY, Wassily

1911
"Concerning the spiritual in art", Munique, 1911, *in* Harrison e Wood 1992, pp. 87-94.

LEIDER, Philip

1970
"Literalism and abstraction – Frank Stella's retrospective at the Modern", *Artforum*, abr. de 1970, pp. 44-51.

LIPPARD, Lucy

1969
Resenha do Whiney Annual, *Hudson Review*, cit. em J. Kosuth, "Art after philosophy", *in* Harrison e Wood 1992, pp. 140-50.

MALEVICH, Kasimir

1916
From cubism and futurism to suprematism: the new realism in painting, Moscou, 1916, *in* Harrison e Wood 1992, pp. 166-76.

MARTIN, J. L., NICHOLSON, Ben e GABO, N.

1937
Circle – International survey of constructive art, Londres, 1937.

MATISSE, Henri

1908
"Notes of a painter", *La Grande Revue*, dez., *in* Harrison e Wood 1992, pp. 72-8.

MOORE, Henry
[Donald Hall]

1960
"An interview with Henry Moore", *Horizon*, vol. 23, nº 3, 1960, *in* James 1966, passim.

MOORE, Henry
[John e Vera Russell]

1961
"Conversations with Henry Moore", *Sunday Times*, 17 e 24 dez., *in* James 1966, passim.

NEWMAN, Barnett

1962
"Interview with Dorothy Gees Seckler", *Art in America*, vol. 50, nº 2, *in* Harrison e Wood 1992, pp. 764-6.

REDON, Odilon

1922
A soi-même, jounal (1867-1916), Paris, 1922.

REWALD, John

1961
The history of impressionism, Nova York, 1961.

ROSLER, Martha

1991
Entrevista de 24 de novembro; incluída em "Art and the left: The critique of power", TV 23, *A316; Modern art, practices and debates*, Open University, Milton Keynes, 1993.

RUSKIN, John

1843-60
Modern painters, 5 vols., Londres, 1843-60.

Créditos Fotográficos

Todas as fotografias foram cedidas pelo Departamento de Fotografia da Tate Gallery, com exceção das abaixo listadas.

© 1997 The Art Institute of Chicago. Todos os direitos reservados 11, 27, 51; The Ashmolean Museum, Oxford 21; Richard Carafelli 15; © Contemporary Collections of the Cleveland Museum on Art 52; A. C. Cooper Ltd. 19; Feilchenfelt Collection, Zurique 20; cortesia Kenneth Noland 49; Walter Klein, Düsseldorf 47; © 1997 The Metropolitan Museum of Art, Nova York 10, 32; Departamento de fotografias da National Gallery, Londres 22, 28, 31; National Gallery of Art, Washington 46; Fototeca dos Musées de la Ville de Paris 13, 14, 16; Fototeca dos Musées de la Ville de Paris / P. Pierrain 17; Musée National d'Art Moderne, Centre National d'Art et de Culture Georges Pompidou 26; RMN/Spadem 9; Stedeljik Museum, Amsterdã 6; RMN 23; RMN / J. Schormans 24; Norman Taylor cortesia da Henry Moore Foundation 25; Waddington Galleries Ltd. 45

Direitos de Reprodução

As obras utilizadas como ilustração pertencem a:

Bonnard, Braque, Derain, González, Kandinsky, Miró, Vuillard: © ADGP, Paris e DACS, Londres 1997

Hofmann: cortesia de André Emmerich Gallery, uma divisão da Sotheby's

Lewis: © Espólio da sra. G. A. Wyndham Lewis

Matisse: © Sucessão Henri Matisse/DACS Londres

Mondrian: © ABC PMP/Espólio de Piet Mondrian

Moore: © Fundação Henri Moore

Nicholson: © Angela Verren-Taunt 1997. Todos os direitos reservados DACS

Noland: © Kenneth Noland/DACS, Londres/ VAGA, Nova York 1997

Olitski: © Jules Olitski/ DACS, Londres/VAGA, Nova York 1997

Picasso: © Sucessão Picasso/ DACS 1997

Pollock, Rothko: © ARS, NY e DACS, Londres 1997

Smith: Espólio de David Smith/DACS, Londres/ VAGA, Nova York 1997

Outras obras: © O artista ou o espólio do artista

ÍNDICE REMISSIVO